城镇化与乡村振兴并举下湖南农村农民流动样本解读

黄江泉◎著

中国商业出版社

图书在版编目（CIP）数据

城镇化与乡村振兴并举下湖南农村农民流动样本解读 / 黄江泉著 . -- 北京 : 中国商业出版社 , 2023.9

ISBN 978-7-5208-2653-2

Ⅰ . ①城… Ⅱ . ①黄… Ⅲ . ①农村劳动力－劳动力流动－研究－中国 Ⅳ . ① F323.6

中国国家版本馆 CIP 数据核字 (2023) 第 187685 号

责任编辑：葛　伟

中国商业出版社出版发行

（www.zgsycb.com　100053　北京广安门内报国寺 1 号）

总编室：010－63180647　编辑室：010－83128926

发行部：010－83120835/8286

新华书店经销

北京厚诚则铭印刷科技有限公司印刷

*

787 毫米 ×1092 毫米　16 开　10.5 印张　180 千字

2023 年 9 月第 1 版　2023 年 9 月第 1 次印刷

定价：72.00 元

*　*　*　*

特别鸣谢

谨以此书献给我疼爱有加的儿子，你稚嫩无邪的天真笑脸、对这个世界充满无尽的好奇探究之心以及我俩亲密无间、快乐无比的相处，给了我努力经营好家庭与工作的动力，让我不断调整，一路前行，直到能看到明朗且美好的未来。

著者简介

黄江泉，中南林业科技大学商学院管理学博士、硕士研究生导师，英国班戈大学访问学者；湖南省“121 人才工程”第三层次人选，湖南省青年骨干教师人选，企业管理咨询师，湖南省社会学学会理事；国家社科基金成果鉴定专家，国家就业领域专家库候选人成员；主要从事“三农”问题研究，主持并完成国家社科基金、教育部人文社科基金、湖南省社科联成果评审委重点项目、湖南省教育厅科学研究重点项目、湖南省社科基金重点项目等 10 多个省级以上课题；在《农业经济问题》《经济学家》《中国人力资源开发》《科技进步与对策》《农村经济》等刊物发表论文 90 余篇，被国研网全文收录 6 篇，人大复印资料全文转载 2 篇，在经济科学出版社、湖南人民出版社出版专著 4 部。

自　序

中国社会经济发展自改革开放以来取得了举世瞩目的成就，而中国社会经济的发展离不开中国城镇化的推动。中国城镇化发展演变史，也是中国农民进城流动史。目前，中国人均GDP超过了1万美元，极大地激发了人们对美好生活的追求，大大地推动了中国城镇化的发展，而城镇化是一个系统工程，特别是大都市圈的建设将会带动房地产、基建、公共卫生、教育、医疗、环保等诸多行业的发展，因此，这些行业的需求还会进一步释放，城镇化对中国经济发展的引擎作用将继续凸显。

在中国城镇化阔步前进的同时，为了推进中国城乡一体化健康深度发展，国家又适时推出乡村振兴战略，引导、鼓励各项资本向农村转移，乡村劳动力进一步释放、转移，农业产业规模化、现代化、机械化经营逐步推开，各种技术平台纷纷进驻农村，农村开发欣欣向荣。乡村发展进入一个新时期，由此对农村劳动力流动带来了新的需求，农民工流向发生了重大变化。外出流动的农民工减少了，而选择在本地流动的农民工人数增加了。

湖南作为中部一个典型的农业大省，农业占总产值的近1/10，城镇化率比全国低了5个百分点。从农村人口流动来看，湖南是全国外流人数位居前列的省份。2022年，湖南有1762万外出农村劳动力，除了有756.2万农村劳动力在省内流动外，还有省外务工人数1005.9万人，其中，在广东的湖南农村劳动力人数为542.1万人，占省外务工人数的一半以上，可见，湖南农村劳动力流动主要以广东为目的地。那么，在乡村振兴战略推行下，湖南农村劳动力流动的方向是否会发生改变？他们究竟是持续流往广东等省，还是返乡流动，抑或是回归乡村不再外流？

本书首先在阐释了相关概念与理论后，以城镇化与乡村振兴并举推进为本研究的社会背景，建构了一个以“人”为中心、以工业化城镇化为主导、以城乡一体化为流动目标的理论框架；其次，针对湖南农村劳动力流动现状，运用logistical模型与典型个案，对当前社会下农村劳动力流动机理开展相关实证分析；最后，针对如何有效推进农村劳动力流动——不管是进城还是返乡，抑或是再次回到城镇，都提出相应治理策略。

目　录

第一章　相关理论解读及在本研究中的应用

第一节　社会分层理论

在中国城镇化进程中，社会结构发生了巨大变化，最突出的是出现了一个农民工群体，从身份上说，他们是农民；从职业性质上看，他们又是工人；从城乡社会结构来看，他们既不同于传统的农民，但是又没有很好地融入城镇而成为久居的市民。因此，他们的社会结构归属成为当今社会学关注的焦点，而且更复杂的是他们内部因为个体差异与社会转型而发生了层次分化。不同层次的农民工究竟发生了怎样的分化？其分化机制与动力何在？分层的标准是什么？不同层次农民工的收入水平、文化程度、家庭情况到底如何？政府、企业、社会等主体应该采取怎样的措施以满足他们的需求，推动他们融入新的社会阶层？……所有这一切，都需要从宏观、微观层面进行系统、深入的研究。

一、社会分层的含义

社会分层问题研究一直是社会学研究最核心的问题之一，因为每个社会学者在开展社会学研究时必须首先将其研究的问题置于一定社会结构之中，脱离了社会结构的研究都很难以得出颇具说服力的结论。其中，社会分层结构又是整个社会结构的核心，它所要解答的是社会结构中的人是如何连接成一个整体的，他们有着什么差异，层次差异相似的人在整个社会结构中居于什么位置，他们依据什么标准而分居于不同的社会位置，他们之间又有着怎样的互动，层次之间是否存在流动与变化、新的整合，这些都是社会结构研究的出发点与重心。那么，什么是社会分层呢？

分层是地质学上的术语，亦即地质结构存在层次的构造，不同的层次在整个地质结构中均很清晰地展示出来，让人一看就明了，而且通过对每个层次的基本结构与特征分析，大体能知道其形成的原因与动力。社会结构亦存在这样的层次分化与层次固化，让人们一看就知道社会中的人们处于什么样的结构层次与位置。因此，人们借助于社会分层这个术语以研究社会结构中人们的位置、层次以及层次、群体之间如何互动。至于对社会分层的界定，不同学者提出了不同观点。美国著名社会学家戴维·波普诺（1999）认为“所谓社会分层是一种根据获得有价值物的方式来决定人们在社会位置中的群体等级或类属的一种持久模式”①。陆学艺（2010）指出社会分层是根据某些标准将一些特征相似却与其他群体有着鲜明差异的、层次等级不同的社会层级进行排序。刘祖云认为，人们对社会分层一般有着不同的理解：第一种理解是将其视为对客观过程的认定，也就是说，由于人们在客观而具体的社会生活中对社会资源占有的能力与机会存在客观现实差异而呈现出社会地位等级不一样的差序；第二种理解是人们按照自己的主观意念而将社会成员区分为等级与层次存在高低有序的社会认知方法②。李强定义为：社会分层是指社会成员、社会群体因社会资源占有不同而产生的层化或差异现象，尤其是指建立在法律法规基础上的制度化的社会差异体系③。简单地说，社会分层是指人们在社会中的不同地位或位置的排列，它主要解决以下两个问题。一是阶层结构是什么？也就是说，在每个层次里，人们得到了什么？每个层次的人有什么样的群体特征与诉求，他们是如何被阶层化的？每个阶层之间究竟存在怎样的社会地位差异？二是人们是如何进入这个阶层中来的？也就是说社会流动的问题，为此，还须了解社会流动的机制与动力，影响流动的因素有哪些，人们流动的结构方向如何，这些都是分层研究应着手解决的问题。为了弄清楚这两个基本问题，必须清楚分层研究中的主体位置，即个人社会地位、群体地位以及整个国家层面与社会结构形成、变化之间的关系，这就要求人们对社会层次中的个人、群体与国家进行微观与宏观层面的全面系统的研究，以了解人们的结构地位差异以及在其中的流动性。

分层与分类不同，其最大的区别是，分层不仅是一种客观社会现象也是一种主观认定而且在层次之间存在着相互流动，它有高低等级序列之分，层次之间的界限既明朗也比较模糊，其涉及的问题很复杂。分层只针对社会现象而言，而分类则不一样，它更多的是基于一定的自然属性，比如，有根据性别差别而区分为男女；有根据肤色不同而区分为黄、白、黑与棕色人种；有根据年龄将人分为老

① [美]戴维·波普诺．社会学[M]. 李强，等译．北京：中国人民大学出版社，1999:239.

② 许嘉猷．社会阶层化与社会流动[M]. 台北：三民书局，1986:3.

③ 李强．转型时期中国社会分层[M]. 沈阳：辽宁教育出版社，2004:1.

人、中年人、青年人、少儿、婴幼儿等。

社会分层的实质，就是对社会资源进行不均等分配的结果，也就是说，不同的社会成员与群体因为其占有社会中的职业、教育、财富等有价资源的机会与能力不同而呈现出不同的阶层差异特征。因此，社会分层研究的问题取向在于：这种社会不平等究竟是怎样形成的？它对特定社会体系具有什么样的影响？

一般而言，导致社会不平等的因素主要有三个：一是社会分化和社会分工自然产生的不平等；二是个体获取社会资源的能力和机会不同；三是社会制度的人为干预。其实，任何一个人在社会分层中所处的位置，都离不开以上三个因素的影响，只是说每个因素在推动人们的阶层走向时所起的作用不一样。总之，因为社会分工引起的不平等，在市场透明的作用下自然个体主动向上追求差异性的层次与资源，而社会制度的人为干预使自然个体在平等的社会环境中保持正常、公平的流动，在社会层次化演进中，社会制度的人为干预促使中间阶层扩大，减少上层与下层的群体规模，而避免加剧不平等与两极分化。

二、社会分层的标准

社会分工的持续化、各种资源在不同群体身上的差异性，决定着社会存在着一定的分化与层次性，尤其是在社会转型之际，每次社会大分工与社会流动都将引起人们新的分化与阶层化，这是客观存在的社会现实。每个阶层的人们也许不知道自己所处的层次，但是他们的思维、行为方式又显示着他们与别人的差异性。学者们从各阶层人们所呈现的差异性以及不同群体的一些共性很明确地区分出一定层次性，只是对于这样的层次划分，不同学者有着不同的区分标准。

（一）社会分层标准的多样性

所谓分层的标准，就是对来自客观社会事实的差异化认知与抽象，并在此基础上确定出易于进行分层操作的维度或者指标。只是不同的社会、不同的学者对这种差别或不平等的认知存在很大差异，其确立的标准也各不一样。仅对农村社会的分层区划，陆学艺及其团队（1991）利用农民所从事的职业类型、使用生产资料的方式及使用生产资料的权利这三个因素综合判断就得出农村有 10 个阶层[①]。林后春（1991）主张将当代中国农民详细划分为 17 个不同阶层，后来又将

① 陆学艺 . 当代中国农村和当代中国农民 [M]. 北京：知识出版社 ,1991.

20 世纪 80 年代的中国农民详细划分为 12 个不同阶层[①]。段华明（1990）则将中国农民分为七类。宋镇修（1989）主编的《中国农村社会学》一书写道：“按照职业区分，农村居民大致分为七个阶层[②]。石成林（1991）通过对湖南省常德市调查，指出农民已经分化为 26 大职业七大阶层[③]。潘会玲（1995）通过对山西省农民职业分化和阶层演变调查后将山西省农民分为七个阶层[④]。林晓鸣（1990）根据对浙江省温岭县的调查，把农业人口分为五个不同阶层[⑤]。如上所述，有些标准是基于职业，有些是基于所有制，有些则综合了各种标准，从而划分层次不一。由于标准不一，揭示的社会结构也不一样，因此，引导社会采取相应措施优化社会结构的结果也不一样。

在分层标准研究中，西方的分层理论及分层标准很具有借鉴意义。在西方社会分层研究中，马克思根据人们所占有的生产资料情况以揭示社会阶层分化；而马克斯·韦伯则提出了著名的三位一体综合性标准：政治（权力）标准、经济（财富）标准与社会（声誉）标准；社会学家吉登斯根据人们在市场中占有社会资源的能力差异将社会群体划分为三个阶级：上层阶级、中产阶级及下层阶级；意大利经济学家帕累托指出，一个社会成员归属于哪个社会层次取决于他们的能力和才干；布迪厄则根据人们消费品味的偏好来区分社会分层结构；美国社会学家彼得·布劳与奥蒂斯·邓肯认为社会分层结构主要通过职业结构予以体现；丹尼尔·贝尔更是直接指出：后工业社会里，职业是人们被划入不同社会阶层的最主要的决定因素。从西方社会对社会分层研究的历史发现，马克思的阶级分层论与马克斯·韦伯的三位一体多元分层论是最为经典的分层理论，其所确立的标准对斯后人研究社会分层产生极大影响，甚至至今分层研究基本上仍停留在该两大理论框架内；不过，社会分层趋势发生了一个很大变化，即强调生产资料占有在社会分层中的作用下降，而人们所从事的职业等现实要素给予人们客观与主观的感知越来越成为人们判断某一社会层次的标准。当然，社会分层本身也是一个客观支撑与主观判断的综合产物，人们据此将社会分层，其目的是更好地研究这类群体的共同特性及其形成动因与诉求，以更好地满足他们并促使他们在社会演进中作出自己应

① 林后春．当代中国农民阶级阶层分化研究综述 [J]. 社会主义研究，1991(1): 59-64.
② 宋镇修．中国农村社会学 [M]. 哈尔滨：黑龙江人民出版社，1989.
③ 石成林．在改革中分化与更新的当代农民 [J]. 学术评论，1991(6): 55-60.
④ 潘会玲．改革重塑农民形象 [J]. 统计与决策，1996(2):28-30.
⑤ 林晓鸣．建国后农民阶级队伍演变及其发展趋势分析 [J]. 社会主义研究，1990(1):38-42.

有贡献。

（二）社会分层标准的真正决定因素

社会分层的实质是资源在各类群体的分布与占有，因此，资源的分布与占有情况常常成为社会分层的标准。其中，可以用来分层的资源主要有以下几种：生产资料、社会关系、市场地位、职业与就业、财产或收入、权力、文化、主观声望、公民权利与人力价值[①]。而经济资源包含生产资料、收入或财富，是社会分层中最为重要的资源，不过，如何获得经济资源，在不同时代与不同国家，其途径也很不相同。在专制时代，人们获取资源主要依靠其政治特权或者说垄断性权力；而在工业社会特别是后工业社会，技术至上、能力至上便成为资源获取的基本途径。通过市场化推动社会分层，这种唯技术论、能力论的资源获取越来越成为人们的信条，过去那种依赖政治声望与特权地位获取资源的途径日渐变窄，而依靠技术与能力获取资源的途径日渐拓宽。因此，政治与特权通道过于狭窄致使经济资源分配显得两极分化很严重，而在市场化环境下，由于工业体系的渗透与广泛深入，通过技术与能力获致资源的人越来越多，虽然社会阶层仍存在两极分化现象，但是在两极分化中存在一个庞大的且有着一定资源的中间群体，他们在两极分化中起着缓冲阶层矛盾、稳定社会的作用，而不致因为资源分配极不均衡而发生系统性冲突与不安。

不过，人们观察到的技术与能力标准是以人们所拥有的职业及职位为直观标志的，所以，人们常常以职业为社会分层的唯一标准。杜尔克姆是第一个将职业视为社会分层标准的社会学大师，并从社会分工视角出发对各种职业地位的高低原因进行了系统性分析；彼得·布劳与奥蒂斯·邓肯在《美国的职业结构》一书中指出，当今社会，阶层冲突明显减少，能够区分社会阶层的唯一标准只有职业；李强（2000）指出，职业分层成为社会分层基础，工业社会将人们最大限度地纳入正规职业体系，那些在家里做家务工作的女性也被纳入进来，职业地位成为人们最重要的社会地位，人们社会地位的高低都是通过职业地位而被精确地反映出来[②]。毛丹和任强（2003）认为，在西方市场经济国家，职业是最重要的社会地位指标，衡量职业好坏的标准是职业收入和职业声望。

① 李春玲．社会分层研究与理论的新趋势 [M]// 李培林．社会学理论与经验．北京：社会科学文献出版社 ,2005.

② 李强．现代化对中国社会分层结构之影响 [J]. 东南学术 ,2000(2):12–17.

以职业为标准的社会分层观，其背后支撑的是人们所拥有的能力与技术，而为了提高能力、掌握技术，必要的教育是最基本的前提与基础，正是由于教育的如是基础性功能，人们甚至直接将教育作为人们分层的标准。索罗金在《社会流动》一书中提出，学校是使人从社会底层向社会上层流动的电梯，并通过考试决定人们的社会地位；人们所受教育年限越长，其获得的社会地位越高[①]。而详细分析教育对阶层结构形成意义的是 R. 柯林斯，他认为，教育可以被用来限制那些竞争社会占据优厚报酬职位的竞争者人数并有助于具有较高教育程度的人通过教育手段垄断这些职位，即普通民众可以通过教育文凭得到社会地位的上升通道，社会便存在一种唯文凭论[②]。这样下来，文凭制度的主要受益者是那些自由职业者和在体制内或者主要劳动力市场中工作的人。彼得·布劳与奥蒂斯·邓肯对美国职业结构研究时发现，个体受教育程度对其职业地位影响最大[③]。日本学者麻先诚研究指出，高学历与英才地位（社会上层）之间存在密切关系[④]。文凭和学历成为人们获得不同职业的重要依据，成为影响收入及社会地位的重要因素。教育，俨然成为人们社会地位的筛选机器，通过它可以将人们驱赶到各种职业岗位上去，然后，借助职业地位对资源的占有与使用情况而把人们区分为各种层次群体。教育的这种筛选功能，其实在中国古代早已有之，如中国古代的各种科举制度，就体现了教育在人们社会流动与阶层形成中的内在推动作用。自人力资本理论提出之后，教育在人们的人力资本形成及后天社会地位获取中的作用更加突出。根据人力资本理论假设，受教育程度越高的人，其能力也相对较强，他们在主流劳动力市场就业的可能性就越大；职业就业比较理想、收入较高，他们就越有实现向上流动的机会。中国高考改革，让许多农村孩子特别是先赋性资源条件不是很好的穷苦孩子有了向上层流动的机会，就是一个典型例证。

三、对本主题研究的启示

中国当下社会最大的转型是农村社会向城镇社会过渡，大量的农村人口纷纷涌向城市，社会结构急剧变化，旧的社会阶层已经异化，新的阶层正在逐渐形成。在对农村人口向城镇社会流动迁移研究中，打破曾经的一体化、同质化群体思路，

① 潘懋元 . 多学科观点的高等教育研究 [M]. 上海：上海教育出版社 ,2001:32.

② 兰德尔·科林斯 . 教育成层的功能理论和冲突理论 [M]// 张人杰 . 国外教育社会学基本文选 . 上海：华东师范大学出版社 ,2009:34.

③ 戴维·格伦斯基 . 社会分层：第 2 版 . 北京：华夏出版社 ,2005:340.

④ 潘懋元 . 多学科观点的高等教育研究 [M]. 上海：上海教育出版社 ,2001:38.

从其个体差异化及新的阶层化角度探讨其各种行为现象势在必行。考虑到行政指导或者约束在人的自由行动中的作用减缓，而市场力量在逐渐增强，广大农民工群体凭借自身条件而纷纷进入城镇各类企业组织务工生活，他们的社会地位随着职业改变及其收入增加，首先区分其农民身份，其次再在城镇向上或者向下流动中被划分为各类群体，因此，借助社会分层理论特别是在工业社会与后工业社会时代背景下对农民工职业转变背后深层决定因素——以教育为核心的人力资本差异，探讨农民工层次分化，然后在此基础上探讨他们有序城镇化入户定居等问题有着非常重要的理论启迪与现实意义。

第二节　城乡推拉理论

一、推拉理论简述

围绕城乡人口流动问题，经济学和社会学都作了相当多的解释，其中，推拉理论(Push-Pull Theory)作了最具影响力的阐释①。该理论开创者列文斯坦在其《人口迁移之规律》一文中分两次概述了人口迁移的基本规律：迁移的原因绝大多数都是经济的缘故，迁移存在长距离与短距离迁移情况，短距离的、逐步的迁移一般是由农村向城镇周围再到城镇中心地带迁移，而长距离迁移一般倾向于规模较大的商业中心或工业中心②。后来，推拉理论被赫伯拉（1938）和米切尔（1946）正式提出来之后，在人口迁移研究中便具有重要地位及影响。

美国学者唐纳德·博格（1956）则对推拉理论进行了系统归纳，他认为人口迁移主要是迁移者为了改善生活条件而向条件较好地区迁移，较好地区便利的生活条件就成为一种拉力，流出地不好的生活条件便是一种推力，人们便在这种推拉共同作用下实现迁移。到了1969年，他还总结了12种农村推力与6种城市拉力，推力因素包括资源枯竭、失业、文化疏离、个人机会丧失等，拉力因素则包括就业、收入、教育机会增加，环境和居住条件改善，亲属投靠，新生活方式等③。而且，

① Alejandro Portes & Jozsef Borocz. Contemporary Immigration:Theoretical Perspectives on Its Determinants and Modes of Incorporation[J].International Migration Review, 1989, 23(3):606-630.

② D. B. Grigg,E. G..Ravenstein and the "Laws of Migration" [J].Journal of Historical Geography,1977(3):41.

③ Donald J. Bagne. Principles of Demography[M].New York：John Wiley & Sons,Inc,1969:753-755.

他认为流入地拉力作用一般会比流出地推力作用更大。当然，迁移者从农村迁往城镇时也会遭遇很多不利，亦即城镇推力的阻力，而在农村生活也有其优势，比如熟悉的、亲密的人文居住环境，清新的空气，充沛的廉价生活资源等，都是城里人所不具备的，这些条件对农村人居留农村产生一定拉力。因此，农村人向城镇迁移时会考虑其迁移决策时的城乡推拉综合收益大小，而不是仅仅根据某一方面的收益作出进城与否决定[①]。不过，博格在研究推拉时，最终只强调动力作用，而对阻力考虑较少，因此夸大了人口流动动力与规模。为此，1966年，李（E. S. Lee）发表了《人口迁移理论》一文，指出：迁入地、迁出地、中间障碍以及迁移者个人四个因素都会对人口迁移产生影响，而且人口迁移数量会随着时间延长和经济增长而增加，当迁入地各方面条件与迁出地条件相比越优越或者越处于劣势时，迁移越容易发生，要么迁入要么回流[②]。李的推拉模型将人口流动视为一个具有理性的选择过程，其实，"每一个地方都有其值得留下的因素，也有其值得离开的因素"[③]。中国学者很早尝试着用推拉理论对中国农业人口向城镇迁移、流动的现象作了解释。李强（2003）在将中国农民工外出与国际人口流动进行因素比较时，发现中国农民工外出并不存在国际上农村人口流向城市通常会有的推力因素，即农村容易发生暴力现象、人口增长过快以及农民丧失土地等[④]。黄少安、孙涛则对2000年以后中国一些地方出现的"非转农"这一逆城市化现象探讨发现，非转农的主要推力是：城市就业困难、失业保障制度不健全、退休人员工资偏低、收入差距扩大而导致低收入群体边缘化以及对未来支出不确定预期等；拉力因素主要是政府惠农政策、承包地和宅基地的经济价值等[⑤]。

二、对本主题研究的启示

推拉理论隐含着两个基本假设：一是迁移者在迁移前对迁出地与迁入地推力、拉力都有所了解；二是迁移者是一个理性决策者，他对自己的各种行为包括进城及入户行为有一定自我判断，能够综合判断迁入地与迁出地的拉力、推

① 张国胜．"十二五"期间加快中国农民工市民化的思路与对策研究 [J]. 农村金融研究 ,2011(4):15–20.

② Oded Stark,J. Edward Taylor.Migration Incentives,Migration Types：The Role of Relative Deprivation[J].The Economic Journal,101(48)：1163–1178.

③ Everett S. Lee.A theory of Migration[J],Demography,1966,3(1)：47–57.

④ 李强．影响中国城乡流动人口的推力与拉力因素分析 [J]. 中国社会科学 ,2003(1):125.

⑤ 黄少安，孙涛．中国的"逆城市化"现象："非转农"——基于城乡户籍相对价值变化和推拉理论的分析 [J]. 江海学刊 ,2012 (3):90.

力，然后作出最佳决策。也许，目前许多农民工只选择进城但不落户是最佳的。随着城镇升级，包括产业升级与房价升级，对于许多农民工的压力很大，城市的推力增加，而乡村振兴与农村经济在电子商务带动下呈现出一定繁荣态势，这些都为农村吸引注入了新动力。这样，城市的推与农村的拉之间就形成了一个合力，促使农民工在进城落户上显得犹豫不决甚至干脆不落户。不过，由于农民工自身能力的弱化，他们的决策理性相当有限，他们对城市的推、拉与农村的推、拉缺乏较全面了解，更缺乏综合性判断，加之城乡的推拉是动态变化的，又增加了他们决策的难度，于是，他们的感性可能超过理性，盲目或者说榜样的影响更为直接。对此，为了解决农民工进城落户或者返乡问题，除了了解农民工在进城决策中的各种担忧，应从城乡推拉角度挖掘出其内在各种推拉因素，再结合农民工自身因素特别是自身人力资本要素及决策能力，对其深入探讨，才能更好地促进农民工进城入户。

第三节　新社会学理性选择理论

一、理性选择与感性选择理论

（一）理性选择

为弄清理性选择，首先要清楚理性的含义。

1. 理性

“理性 (rationality)”一词是个舶来品，来自古希腊词语“逻各斯”，即希腊语 λόγος，到了罗马时代被译成拉丁语 ratio，含义是计算金钱的意思。后来，不同的学科对其内涵作了延伸。哲学家认为理性是一种人类选择与调节自我行为的能力；心理学家将理性定义为一个认知、推理或问题的解决过程；社会学家认为理性是一种对组织目标的自觉适应；经济学家觉得理性是通过对不同方案作出最佳选择的一种决策属性。其实，几乎所有的社会科学理论都认为社会行动者是理性而不是非理性的，这种假设在经济学中体现得更加明显，比如工具理性、程序理性、价值理性等，而在主流经济学中理性就是一种工具理性，也叫作手段—目标理性，它由目标系统导向，行动者——经济人比较权衡目标、结果与手段，通过理性抉择，选出最有利于实现目标的手段与方式。该工具理性一般可以通过下述三段式推断来说明。

如果经济主体 A 想要得到目标 B，而且 C 是达到 B 的必要手段，那么 A 实施 C 就是理性的。

这里隐含着一个基本前提，即行为主体 A 相信 C 是最有效的手段，因此，也称为主观理性，亦即手段的最佳化存在于行为主体的主观信念中。但是这种主观信念可能出现问题，因此对手段选择的最佳化也无从批判。此时，为了避免这样的问题以达到一种确定性与把握性，可以对该三段式推断作如下修正。

如果经济主体 A 想要得到目标 B，而且经济主体 A 事先知道 C 确实是能导致 B 发生的手段，那么 A 实施 C 是理性的。

这么一来就避免了行为主体非有意的行动，但是又导致了新的疑问，即 A 作为行为主体——经济人是一个基于充分有序偏好、信息完备与绝对算计能力而作出最能满足自己偏好行动选择的人，而这样的人在现实中并不存在，因此，工具理性遭到许多学者的批评。随着行为科学的兴起，这种质疑与反驳更加频繁，于是，经济学家阿罗又提出了有限理性，认为行动者的行动有意理性的，但该理性又是有限的。而在诺思看来，人的有限性主要体现在信息不完全与人的计算能力、认知能力有限两个方面，因此，其不可能做到无所不晓[①]。管理学家西蒙从管理的现实出发，提出了有限管理的概念，认为管理只能达到一种满意的高度而非绝对的高度，因此，主张以有限理性的管理人取代完全理性的经济人[②]。

到了 20 世纪七八十年代，以理查德 · 泰勒为首的一批经济学家开始对“理性人”假设作为一切研究与实践的前提提出质疑，并在此基础上诞生了行为经济学。行为经济学指出，经济学不仅研究财富还研究财富创造背后的人的行为，而人的行为要受各种社会关系的影响，使其抉择并不是完全出于理性的考量，还要考虑人的非理性。

2. 理性选择

理性选择是西方经济学常用的概念，是人们在常规性原则指导下，通过一定的逻辑思维所开展的比较理性的选择行为[③]。理性选择理论是社会学按照经济学

① 卢现祥 . 西方新制度经济学 [M]. 北京：中国发展出版社 ,1996.

② 赫伯特 · 西蒙 . 现代决策理论的基石 [M]. 杨栎，徐立，译 . 北京：北京经济学院出版社 ,1989.

③ 刘少杰 . 中国经济转型中的理性选择与感性选择 [J]. 天津社会科学 ,2004(6):45-50.

思路研究社会学问题的最重要的一个理论，它不仅研究人们的经济行为，也研究社会行为[①]。社会学理性选择理论亦认为人的行为是理性的，只是社会学中的个人在抉择时要受一定社会环境与社会结构影响[②]。理性选择理论的基本特征是从个体出发揭示宏观社会系统行为，指明个体行为背后的合理性价值[③]。研究遵循从系统对个人的影响开始，强调个体行为偏好与目标实现，然后再上升到系统宏观层面这么一条路线，从而很好解决了宏观与微观、系统与个体的有机连接，对于理论深化与实践操作都给予有效启示。

然而，理性选择受限于理性假设，而不能很好地解释一切社会行为，基于此种现实，泰勒（M. Taylor）提出了一个狭义理性选择概念，他认为理性选择理论只有在以下前提下才会生效：①行动者的选择是有限的；②选择的原因是清晰而真实的；③行动的选择对行动者非常重要；④有类似的选择，存在着前车之鉴[④]。

可是，美国社会学家布劳（Blau,1997）公开反对将理性选择理论引入社会学分析，他指出：社会学的中心任务不是要解释个体如何理性行动，而是要将个体的理性行动放在一定的社会环境中进行解读，揭示社会环境对人们行为的影响力。

（二）感性选择

感性是一个与理性相对应的概念，它只涉及一些肤浅、简单、表层上的意识思维，没有深入、系统甚至合乎逻辑推理方面的思考。感性选择是根据感性直观认知与判断而作出的初级、模糊、不理性的选择行为[⑤]。因此，人们在提到感性选择这一概念时，总是与低层次、不会达致成功的思维活动等同，其实这是一种错误认识，因为从认识论角度看，理性的认识是建立在大量感性的素材认知基础之上的，它重视对事物现象的直观认识、简化理解以及经验化体验；从本体论来分析，人的生存本身具有太多本能的、直接的生活体验，不需要太多的理性思维与判断，只要按照自己的直观感受生存就可以。感性选择的主体是现实中的人，

① 科尔曼 . 社会理论的基础 [M]. 北京：社会科学文献出版社 ,2008.

② 文军 . 从生存理性到社会理性选择：当代中国农民外出就业动因的社会学分析 [J]. 社会学研究，2001(6):19–31.

③ Coleman,J. & T. SJ. Fairer.Rational Choice Theory:Advocacy and Critique[M],Newbury Park:Sage Publications,1992:21–43,9–12,268–269.

④ Taylor,M.Structure,Culture and Action in the Explation of Social Change[J].Politics and Society,1989,17(2):115–167.

⑤ 刘少杰 . 中国经济转型中的理性选择与感性选择 [J]. 天津社会科学 ,2004(6):45–50.

这个人尽管有一定的自我意识能力，但是具体到一定情境，面对同样一个事物或者事件，他会在理性推理下作出有适于该情境下的判断与结论，尤其是不同的人面对同样的事情也会作出大相径庭的选择①。好比一个穷人看到美丽的景色却一点都高兴不起来，而一个在农村散漫惯了的农民面对城市居民紧张有序的生活则无所适从，最后只得选择退居农村老家。

围绕理性选择与感性选择的讨论，人们不应该将它们单独进行，因为一个人既有感性也有理性，两者统一在个体身上，当该个体作出理性或感性选择时都要通过自己的实践活动才能实现，而实践活动具有一定的情景性、现实性，任何理性的经济行为分析都离不开一定现实情景中的感性刺激干扰。况且，实践现实的复杂程度不是感性选择也不是理性选择所能作出有利于自身或者社会利益最大化合理解释的，它必须依赖于两者的共同认知意识与判断才能更贴近地被揭示其合理化存在。从心理学或认识论意义上讲，人的意识活动在其实际过程中，一定是从理性和感性两个层面同时展开的。人们在进行行为选择时从来都不是单纯依靠理性思维支配而发生的②，往往会受到个体过往体验、感受、认同等因素影响。其选择背后的直觉、感情、态度、记忆等因素离不开个体主观感受、生活经历与情感特质等特殊情境③。

二、农民工进城行为抉择

（一）进城的含义

对进城的理解，至今也没一个统一说法，在不同语境下，人们的理解差异很大。有些人常常将其与迁移或转移、流动混在一起使用。不过，就词面直观含义来看，进城就是指从乡村迁移到城镇或说从乡村流动到城镇的人口变迁过程，方向单一，是从乡村向城镇的移动而非从城镇向乡村的移动。从农民进城的目的看，有以打工为目的的，其工作在城镇，家在农村老家，这就是当前所指的农民工城乡两栖现象；也有以定居为目的的，这部分农民认为城镇很好，非常向往城镇生活，于是通过打工、招工、考学、参军、投亲、婚嫁等途径而实现在城镇定居，当然，也包括一部分人进城进货或销售等开展交易这一途径。就本书而言，进城主要指第一种进城行为，即农民进城务工然后通过自身努力最终实现在城镇落户

① 刘少杰 . 感性意识的选择性 [J]. 学海 , 2005(5):107.

② 刘少杰 . 理性选择理论的形式缺失与感性追问 [J]. 学术论坛 ,2005(3):123-128.

③ 姚俊廷 . 感性选择视阈中的守法可能性及其限度 [J]. 唯实 ,2009(7):58-61.

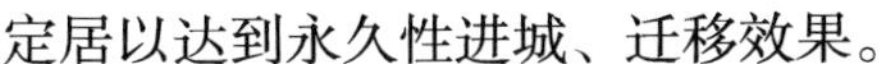

定居以达到永久性进城、迁移效果。

（二）农民进城行为

农民进城自城市出现开始就一直在发生，或者可以说，城市本身是农村劳动力向城镇转移集聚的结果，只是由于在不同时期人们追求的目标不一样而呈现出不同的行动决策与实践。从农民进城的目的划分，上面已有解答。从进城的原因划分，可分为经济原因、社会原因、价值原因。所谓经济原因，主要基于对城乡收入差异比较而追求城镇较高收入所发生的进城务工，农民进城赚取较高务工收入，一是为了解决自己与家人的生存问题；二是为了解决自己与家人的发展问题，三是为了解决以后的养老保障问题。所谓社会原因，是指一些农民向往城镇生活，特别是一些女性以及有能力的人，他们觉得城镇生活比农村生活好，社会地位高，于是希望通过进城实现自己这种想法。所谓价值原因，主要指农民为了实现自己的个体价值与社会价值而追求进城，让自己在城镇要素市场进行充分流动配置，以改变自己在乡村闲置的局面。从进城的自主程度划分，可将农民进城分为主动性进城与被动性进城。因城镇发展扩张而对周边征地，致使那些失地农民不得不接受进城安排，这类农民进城便属于被动性进城，他们一般没有多少自主性，只得被动性接受政府相关政策安排而成为城镇人口。主动性进城行为发生，是农民出于务工、定居或者进货交易等目的而实施的行为，其目的性很强，对于落户定居或者在城乡之间频繁迁徙等完全取决于自己，自主意识很强。不过，这种自主决策是否体现充分的理性，在此不再作讨论。本书所指的农民进城行为是指主动性进城行为。不论其结果如何，留城定居落户还是流动返乡归根，如此决策的主体是农民工自己而不是政府。本书所关心的是，在政府等外在环境营造越来越有利于农民进城落户定居成为城镇人口的今天，深入揭示农民工对进城最终归属犹豫不决的原因，然后如何化解以促成农民工作出留城还是永久迁移的理性决策。

（三）农民进城动机——一种理性与感性综合选择的行为

农民进城作为一种行为现象，涉及人口学、地理学、人类学、心理学、社会学、经济学、行为学等诸多学科，如果单从行为决策主体——农民（工）对是否进城如何作出决策来看，他必须综合考虑各方面因素，而不会仅仅出于某一个目的或者动机。德国心理学家卢因（K. Lewin，1951）认为人的行为是独特环境与个体相互作用的结果，并提出了相应的行为发生公式：B=F（P·E），式中：B——

行为；P——个人；E——环境；F——函数关系。

而行为的产生是因为动机促动，动机又是缘于一定的需要与刺激而发生，因此，心理学关于行为的产生路径是循着“刺激→需要→动机→行为”演化的。后来，组织行为学对行为产生的主观动因作了进一步分析，建构了一个有自主性、有控制力的行为理论结构模型，该模型对农民进城行为也是适用的。农民对进城的态度，比如生存状况改善、收入高低、城乡生活差异、自身价值能否实现等，影响着自己的行为导向。社会舆论对进城的态度是赞许还是抵制，家人的支持与否、亲人的认可以及城里人的接纳等亦对农民进城行为意向产生直接影响。况且，进城行为对于自己来说是陌生的，他必须参照先行者的行为结果作出一定判断，但即便这样，由于个人存在很大差异，这种判断也存在很大的不确定性，亦即不可控性，这种行为可控强度的大小也直接影响着行为导向。正是上述自身态度倾向、他人的接纳以及对诸多不确定因素的知觉驾驭等因素共同作用着农民的行为取向，最后，在条件成熟时促成了进城行为。这里所谓条件成熟，既包括行为决策主体心智的成熟，也包括那些曾经是制约条件现在已经被解除其制约性而成为某一种行为的支持性条件，在这些条件下行为者作出实际的行为决策就水到渠成了。

新古典经济学理论体系下的农民进城行为决策主要体现在以下四个方面。其一，行为决策者——农民是充分理性的，他们在进城迁移问题上，完全根据城镇迁移的微观层面作出是否迁移的行为决策。其二，农民在进城决策时遵循成本—收益分析原则，只有在利益大于成本时才考虑进城。其三，作出一定的供需分析。也就是说，根据以往的经验，农民想进城，但是政府严格控制，使进城口子很小，拒斥了许多想进城的农民，因此，农民在作出进城行为决策时必须考虑政府主导的城镇资源供给能否满足农民进城需求，如果满足不了，农民是不会进城的。现在农民工对进城落户不感兴趣，主要是城镇资源有限，对农民工缺乏吸引力。其四，还要考虑各个城镇进入门槛问题。也就是说，每个城镇对进城农民进入有一个门槛设置情况，每个进城行为决策者必须结合自身条件去对接进入城镇门槛，如果能够吻合才能进入，如果不能吻合，只得重新调整进城路径。这是城镇作为一个市场，通过一定门槛所形成的影子价格调整或者引导着农民进城路径决策，这也将是未来中国城镇化的主流导向：以进城门槛等市场化形式规范、调整农民进城路径。

当大家在热衷于通过城镇化市场以引导理性行为决策者——农民作出最佳进城决策时，必须弄清楚一个问题，即决策者是否有足够理性。事实是，农民们存在太多非理性成分，主要体现在以下四点。其一，不稳定性偏好问题。偏好的本质是潜藏在人们内心的一种情感与倾向，它是非直观的，人们在发生一定偏好时，感性的东西常常多于理性的东西。古典经济学所作的有关偏好稳定性假设，很难在现实中出现，人们经常会在一定情景性、及时性等方面改变其感性偏好倾向。其二，逆选择问题。也就是说，农民面对自己与城市管理者之间围绕进城决策的实施开展一定博弈，双方有时显得并不一致，甚至出现逆选择情况，即农民对政府的决策不买账。其三，概率问题。指农民对进城前景或者预期结果实现的概率有多大无法作出正确判断。其四，锚定效应问题。所谓锚定效应，是指人们经常会根据以往的经验值来判断现实情境中的人与事，而且常常呈现出当初的经验路径导向。针对进城迁移，由于农民对自己的农民角色与传统农村生活方式很习惯，因而形成强烈的农村依恋，而不会轻易放弃，即锚定现象。

综上所述，农民作出进城或返乡决策时，既有理性的成分，也有受其心理等因素影响的非理性成分。在考察农民进城行为决策时只有从这两个视角去考察，才能更接近揭示农民进城行为本质。

就目前主流认知或者实践结果看，农民进城的最终结果取决于决策者对进城前后经济利益的比较结果：如果进城后能实现经济利益最大化，那么他们会进城并落户定居，如果进城后并不能达到经济利益最大化，那么他们会选择不进城或进城后又回归农村老家。

因此，农民进城问题便转化为经济学可计算的微观问题，具体转化为进城成本与进城收益的经济利益比较问题，最后转化为农民与城镇资源提供者围绕农民进城行为发生上的成本开支与收益大小的比较博弈问题，基于城乡推拉方面的考量主要是对城乡经济利益方面作出比较。不过，很现实的一点是，人们对经济利益的看重具有一定背景性、时代性与动态性。如果这种经济利益对自己与家人的生存起着非常关键的作用，农民在进城决策时就会从经济收益角度考虑，老一代农民工对待进城抉择主要基于这样的经济利益计算。如果基本生计问题已不是农民主要考虑的问题，那么，他们在进城决策时就不再只考虑经济利益大小，还会综合考虑经济以外的利益所得，比如发展机会、子女教育、人们之间的交往、语言沟通的顺畅、风土人情的习惯等，这也是与人作为一个社会人、有限理性人的现实相吻合的。

第四节　人的现代化理论

一、什么是现代化

现代化是什么？至今还没有一个统一的概念，大体可以归结为以下几个观点。

一是阶段说，即现代化的发生不是一下子就会成为人们所臆想的样子，它的出现、发展有一定阶段性，甚至可以说，不同阶段所出现的新的变化都是一种现代化展示。英国著名现代化理论学者布莱克在阐述现代化时指出：现代化一般包含挑战、稳固、转型、整合四个阶段，并随着经济与社会转型，整个社会基本结构也会出现相应重组[①]。现代化就在这样的不断挑战、稳固、整合、转型及重组中呈现出螺旋式上升发展态势。

二是过程说，这是绝大部分学者对现代化定义时持有的观点。人们一般认为，广义的现代化是指从传统社会向现代社会演进的过程，该过程是人类前进时普遍发生的。虞和平在《中国现代化历程》绪论中更加明确指出：“现代化就是一个从传统农业社会向现代工业社会转变的过程”[②]；许纪霖、陈达凯在《中国现代化史》总论中指出：“现代化不仅体现在生产方式的转变或工艺技术的进步，它还体现着社会文明全方位的重构”[③]；吉尔伯特·罗兹曼（1995）认为，“现代化就是在技术革命冲击下，人类由农业社会向以科技为基本特征的工业化、都市化转变的过程”[④]。

三是内容说，学者从内容方面对现代化予以界定。中国学者就有关于物的现代化、制度的现代化、人的现代化三个层面的现代化之说。20 世纪我国提出的实现农业、工业、国防和科学技术的现代化，其实就是从物的内容层面强调的现代化。罗荣渠亦从物的层面对现代化作了详细论述。他认为，现代化是指经济上落后的国家借助技术革命，在经济和技术上赶上世界先进水平的一种历史过

① C. E. 布莱克 . 现代化的动力 [M]. 段小光，译 . 成都：四川人民出版社，1988.

② 虞和平 . 中国现代化历程：第 1 卷 [M]. 南京：江苏人民出版社，2001.

③ 许纪霖，陈达凯 . 中国现代化史 [M]. 上海：学林出版社，2006.

④ [美] 吉尔伯特·罗兹曼 . 中国的现代化 [M]. 国家社会科学基金“比较现代化”课题组，译 . 南京：江苏人民出版社，1998.

程[①]。他还进一步阐明，现代化的核心就是工业化，就是通过工业主义在政治、经济、军事、文化等各个方面的全面渗透所引发的系列变革过程；对于广大发展中国家来说，就是希望通过工业发展而赶超发达工业国家的变革过程”[②]。

四是动力源说。按推动现代化得以实现的动因，可将已有的现代化理论分为两大类型：第一类是内因论；第二类是外因论。亨廷顿在其所著的《变化社会中的政治秩序》一书中，对此有过较为深刻的论述。罗荣渠亦从现代化实际历史进程的起源着眼，将现代化发展模式归为两大类：“一类是由该社会自身力量产生的内部创新所引发的系列变迁；另一类是受外在因素的影响而不断引发内部思想与政治、经济、文化等各方面的变革，最后转化为一种内在创新与变革。尽管其变革主体是内在的，但是，从其动力来源看，主要受了外部的引发与影响。”[③]

五是万能说。德国政治学家伯恩斯坦认为，现代化是指以经济发展为基本前提与主要驱动力促使社会由传统向现代全面转化的过程。该定义既指明了现代化是一个过程，也指出了现代化的动力，还指明了现代化发展与追求的终极目标——实现社会各个领域的全面发展，故称此定义为“万能模式”。中国许多学者亦对现代化作出了万能式的定义。

综上所述，现代化应该是一种向好发展的过程，不论是从传统向现代转变还是从落后向先进转变，不论是发达国家的领先发展还是后发国家的奋起直追，其本质都是一种对美好事物的追求。该追求体现在国家、社会、城镇、乡村、企业组织、家庭与个人等载体上，于是便有了国家现代化、社会现代化、城镇现代化、乡村现代化、企业现代化、家庭现代化与个体现代化之称，其中，最核心的是人的现代化，因为其他任何载体的现代化都必须依赖人的现代化才能实现，而且其他形式的现代化转变都最终落在人身上，其成果最终为人服务，其现代化水平亦将以人的现代化为衡量标准。

二、人们为何追求现代化

艾森斯塔德在《现代化：抗拒与变迁》一书中指出，现代化就是人类社会在政治、经济、社会等领域向现代社会全面转变的过程。其从第一次工业革命开始，由西欧与北美发端，然后向其他欧洲国家扩张，并随着殖民主义扩张而向南美、

① 罗荣渠 . 现代化新论：世界与中国的现代化进程 [M]. 北京：商务印书馆 ,2004:9–10.
② 罗荣渠 . 现代化新论：世界与中国的现代化进程 [M]. 北京：北京大学出版社 ,1993:16–17.
③ 罗荣渠 . 现代化新论：世界与中国的现代化进程 [M]. 北京：北京大学出版社 ,1993:123.

亚洲与非洲大陆扩散[①]。现代化至今还在继续成为人类追求的一种思潮，因为它代表的是一种进步过程，代表着从传统社会向现代社会的转化过程，其本质是人们为了自身不断解放所追求的一切改善过程。纵观人类在现代化进程中所作的努力，最主要体现在以下三个方面。

（一）现代化为人类带来财富等福祉

亨廷顿曾说："人类之所以追求现代化，显而易见，是因为现代化能增进每个人的福祉（利益）。"[②]人类为了生存与发展，必须不断创造生产与生活资料，这是人的一种本能，而且，人作为与其他生物不一样的地方在于他是能动的，他依赖自然与社会环境，同时又能对自己所处环境进行主动改造，以利于自己的生活更好、生产更有效率。于是，在这种本能与能动性驱动下，各种先进的生产工具被发明创造出来，各种优质的生活资料被不断培育出来，以至在此基础上的各种社会关系、社会制度亦被创造出来以推动人类为创造更多财富而服务，这也是人类社会越来越发达、越来越富足的根本原因。回顾人类走过的每一步发现，凡是转折较大的时代一般是各种财富极大丰富的年代，直接表现为人类社会的几次大革命：第一次工业革命，以蒸汽机的发明与使用为标志，大大提高了生产效率，使人类对自然界的依赖被一定程度解放出来，产品极大丰富，甚至为了产品市场推广而掀起了大规模侵略战争，致使人类在享受产品财富的同时又被迫遭受战争折磨；第二次工业革命，由于先进交通工具的使用，人类活动向深度与广度大大延伸，产品更加丰富，世界市场更加广阔，世界逐渐被连接为一体；直到现在方兴未艾的信息革命，极大地改变着人类生产、生活方式，人类从没有哪个时代能像今天如此富足。尽管现在的人类社会还有许多贫困人口，但是在人口规模高达80亿的今天，经过人类的减贫努力，贫困人口将急剧下降。世界银行曾在2019年就预测，到2030年人类将消灭贫困。特别是中国这个人口最多的发展中国家，脱贫攻坚战已经取得了全面胜利，完成了消除绝对贫困的艰巨任务。

（二）城镇化基本表征现代化

与财富的直接追求相对应的是：显示人类现代性最突出的莫过于城镇化在全球推进。城镇化是现代化过程的一个必经阶段，它既是现代化的目标，也是现代

① 艾森斯塔德．现代化：抗拒与变迁[M].张旅平，等译．北京：中国人民大学出版社,1988.

② 塞缪尔·亨廷顿．变革社会中的政治秩序[M].李盛平，杨玉生，等译．北京：华夏出版社,1988:70–71.

化的途径，城镇化作为现代文明的标志，其出现与发展本身就是人类追求进步的结果。城市的本质是现代性的，其现代性主要体现在以下三个方面。

一是集聚性。在城镇，随着人口与物质财富持续不断集聚，使这里囊括了政治、经济、文化、科学、教育等领域的文明与成就，成为现代化工厂与各种生产资料、知识与技术集中的地区，而这些要素的集聚与文明的展现，又吸引着广大乡村各类要素进一步向城镇集聚。就像有人曾经描述近代大上海，其“种种繁华气象，哪一样不穷奢极欲！哪一样不极尽诱惑之能事！总而言之：上海社会真不愧是人间天国”①。于是，上海成了人们极为向往的现代性中心城市，不仅农村人、小城市的人，甚至连外国人也被其吸引进来，毕竟，在这里人们看到的是一个引进新观念和新行事方法的主要力量和主要场所②。它确实有着与乡村不一样的精神风貌与物质繁华，不仅年轻漂亮的女子喜欢来到此花花绿绿的世界，就连普通的百姓来了第一次之后也想来第二次、第三次，最后，希望能在上海这样的大都市永远居留下来。

二是转化性。现代化是一个从传统向现代转化的过程，是一个以城乡二元结构转化为突出特征的过程，尽管其涉及政治、经济、军事、教育、文化与社会等各个方面，但归根结底都体现在从乡村向城镇、从农民社会向市民社会、从农业向工业以及现代服务业转变的过程，特别是具有极强穿透力的工业文明以无孔不入的势力向人类社会每个角落、每个民族、每个领域渗透。工业发展的势力迫使行进在城镇化中的人朝着现代化转化，它不仅吸纳着大量农村人口向城镇转移，而且使在城镇里工作、生活的人们不得不按照城镇规律、思想行事，原本那种松散的耕种方式被有规则的操作流程所取代，原本依赖同质的社会网络被异质的社会网络取代，原本只能在低矮阴暗的环境里生活，现在可以居住在宽松明亮的楼房……随着城镇化的到来，随着城镇现代文明的吸引与洗礼，人们特别是乡村进城的人们的生产方式转变了：规则而有效率；生活方式转变了：丰富而有趣味；思想观念转变了：积极而有理想；行为方式转变了：团队协作而不再单打独斗；消费方式转变了：时尚与古朴杂陈；社会交往转变了：从同质向异质拓展；接受事物的态度转变了：凡事愿意去尝试冒险而非固有传统……这是城镇不断转变的结果，是社会转化的结果，也是人要求转变的结果，这也正应了中国近代化开启

① 徐国柚．上海生活 [M]. 上海：世界书局 ,1933:3–4.

② [美] 阿列克斯·英克尔斯，戴维·H. 史密斯．从传统人到现代人——六个发展中国家中的个人变化 [M]. 顾昕 , 译．北京：中国人民大学出版社 ,1992:321.

的思想渊源：穷则思变！换言之，环境的改变迫使其中的人发生相应的转变是现代性开启的动力源泉，城镇化时代的到来，打破了乡土社会的闭塞、低效、分散等沉闷气息，使其中的人们在开放、高效与集约化中阔步前行，创造丰富的福祉、尽情地享受着现代文明。

三是流动性。城市的现代性也体现在它的流动性内核里。费孝通曾说土气是因为不流动而发生的。现代性是与时尚性相统一的术语，而土气则是时尚的反义词。城市的光鲜亮丽或者珠光宝气，令无数人迷惑倾倒，就是因为城市里有车水马龙的奔流，有霓虹灯的日夜转动，有生产车间的不停歇操作，有起早贪黑忙忙碌碌的人群，有人来人往的人流，有高大时尚、现代性很强的建筑物，有实时更新的各种消费物品，有来而复去的农民工……城市是天生追求新鲜与变化的，是流动而不是静止的，是洋气而不是土气的。流动、变化、洋气的城市为现代人描绘了一个极尽奢华的天堂，而正是在这个充满奇异的天堂里，商品的大批量生产和消费成为可能①。

如果哪一天城市不流动了，城市的生命也将停止了。许多曾经繁荣而今已衰败的城市与曾经不起眼现已充满繁华的城市均显示：一个城市如果缺乏流动，包括一切形物与要素的流动，就缺乏了走向现代性的生机与活力。

城镇，作为工业文明发源地，为工业化提供了最具优势的依附空间，它不仅改造着自己，而且得以展示现代文明向城镇周边乡村辐射，以使乡村地区亦可享受现代工业文明与城镇文明的优质成果。因此，其实人们可以这么说，人类社会现代进化史，亦是人类城镇文明演化史，也是城镇文明向乡村传递以改造乡村的文明史，凡是有利于人类城镇文明推进的举措都具有历史的现代性内核。现在的人类城镇化正进行得如火如荼，有经验，亦有教训。特别是中国的城镇化，与世界其他国家的城镇化显示出完全不一样的路径特色，其中，最大特色是在城乡之间产生了一个庞大的农民工群体。数亿之巨的农民工群体的城镇化出路，直接考量着为政者的城镇化发展智慧。农民工不留城定居，那么，设定的城镇化目标如何实现？如果将他们吸收进来，城镇文明又将如何覆盖他们，让他们如何享受到城镇化成果而使他们继续为城镇化作出自己的贡献？如此系列问题，不仅是城镇化需要解决的问题，也是人类现代性须着力突破的问题。如果中国的城镇化得到了很好的解决，那将是对人类社会的巨大贡献。

① 黄忠免．中国城市 100 年：资本、权力与现代性的中国史 [J]. 广西城镇建设 ,2013(6):2–7.

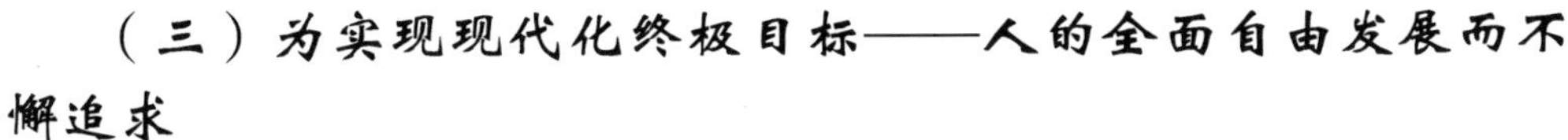

（三）为实现现代化终极目标——人的全面自由发展而不懈追求

人类不论是追求直接财富满足还是通过城镇化之路彰显人类现代性成果，归结到一点，就是为了人类自身解放与全面发展。原始人发明刀、弓箭、锄头等生产、捕猎工具，就是为了增强自己征服自然的力量，让人在从事这些劳作时不再那么费力；人类发明蒸汽机，将自己对动力的依赖从原始的自然境界脱离出来，为自己在任何地方从事有效率的工作创造了条件；人类通过第二次革命，发明了汽车、火车、飞机以及电话、电报等交通与通信工具，让自己的手脚得到大大解放，而在信息时代，人脑又得到了更大解放。随着城镇社会兴起，人类逐渐从村落集聚向城镇聚居，这是人类存在的群聚本能使然，亦是人类自身解放使然。在乡村社会，不论男女，终日只能从事着收获不多的农业，很少有兼职机会，但是，一旦到了城镇，工种变多了，选择机会就变多了，最后，人们会在不断的选择、受训、提升中找到最合适自己的工种，从而最大化实现自己的价值，这也是无数的人从乡下迁往城镇的内在原因。马克思曾经引用昂·科尔邦的《论职业教育》中对一名法国工人经历的描述："一个法国工人从旧金山回来后这样写道：'我从没有想到，我在加利福尼亚竟能够干各种职业。由于有工作经验，我觉得自己不再是一个被动地受自然界主宰的动物，而是觉得更像一个人了。'"[①] 来到城镇就觉得自己像一个真正的人活在世界，尽管也存在流水线机械式工作束缚，但企业的多样化、市场的自由化使城镇的工人们可以用脚来为自己的价值与尊严作出选择。试想想，一个处处受到限制的人，除非他是一个机械地失去了知觉的本能之人，他会觉得自在舒服吗？如果不能实现自在的生活，那么，他与草木又有何区别呢？

追求人的自由全面发展是人类永恒的主题，也是最终目标，马克思把人的自由而全面发展作为历史归宿，应从以下四个方面去努力争取实现。

首先，各种能力的发展，包括人的体力、智力与潜能的全方位发展。要通过这些去适应各种社会劳动，从而挖掘一切天赋[②]。

其次，人的自由个性和主体性的发展。

再次，培育各种关系，以追求个体与社会的和谐统一。马克思指出：社会关

① 马克思．资本论：第 1 卷 [M]. 北京：人民出版社 ,2004:561.

② 马克思，恩格斯．马克思恩格斯全集：第 3 卷 [M]. 北京：人民出版社 ,1972:286,295,551,37,30,330,516.

系实际上决定着一个人能够发展到什么程度[①]。

最后，充分实现个人价值。

英克尔斯也认为人的现代化内涵至少包括素质、能力、生活与关系四个层面，并认为人们只有在各个层次上全面发展，才能实现人的现代化，才能使社会全体成员获得全面发展[②]。人活着的价值就在于挖掘自己、实现自己的全面自由，这是人类社会不断前进的源泉、根本动力和最终目标。

三、现代化中的人是什么

现代化作为人类文明进步的标志，其实现的动力是人，是为了人类对美好事物的追求。现代化推进的根基是人，离开了人的现代化，其他一切现代化都无从实现。罗马俱乐部的贝切伊就曾在《论人的素质》一书中认为："有关人的系列问题应该是实现科技、经济和社会等方面变革的前提。"人的现代化不仅是人类社会整体现代化的目标，它首先还是现代化实现的前提与依靠，那么，现代化中的人究竟是什么样的人呢？这个人应该具备怎样的现代性特征呢？

英克尔斯对"个人的现代性"描画的是个人在参与现代社会实践时所表现出的价值观念与行为方式，并从 12 个方面为"现代人"形象进行了勾画[③]。杨国枢在研究个人现代性时，认为一个具有现代性的人应当在现代社会生活中具有相应的价值观念与行为模式[④]。周荫祖认为，人的现代化主要体现在生活层次、素质层次、能力层次、关系层次四个层面。

结合国内外学者对人的现代化认知，笔者认为，一个现代化中的人应该具有以下特征。

首先，他应该是一个具有主体地位与主体性思维的人。对于广大哲学家来看，人的主体性应该是现代社会中至高无上的，而有些学者甚至很敏锐地、直观地将现代性视为主体性，也就是说现代性就是主体自主性的充分实现。正如罗蒂所说，现代性的原动力就是"自信其是"[⑤]，或如中国学者所言，所谓现代性，乃人类

---

① 马克思，恩格斯 . 马克思恩格斯全集：第 3 卷 [M]. 北京：人民出版社 ,1972:286,295,551,37,30,330,516.

② 马克思，恩格斯 . 马克思恩格斯全集：第 1 卷 [M]. 北京：人民出版社 ,1972:71.

③ [美]阿历克斯·英克尔斯 . 人的现代化 [M]. 殷陆君，编译 . 成都：四川人民出版社 ,1985:22–36.

④ 杨国枢 . 中国人的心理与行为 : 本土化研究 [M]. 北京：中国人民大学出版社 ,2004.

⑤ 江天骥 . 关于西方"现代性"问题的论战 [J]. 江海学刊 ,1998(5):72–77.

在不断进化的条件下，不断发掘、重申及展现人类的主体性[①]。

其次，他应该具有思想的现代性，也就是对待事物的态度，这也是一个人是否具有现代性的最为重要的标志之一。纵观人类现代化进程，对物的现代化追求比对人的现代化追求要强烈得多，也突出得多，尤其是许多发展中国家，特别强调生产力的发展与经济增长，而对人的思想、文明教化与精神满足则显得很马虎，所以人们看到的往往是矗立在城镇中的各种高耸入云的现代性大厦，却忽视了在这些房屋中生活的人们的精神风貌与思想状态。笔者认为，要实现人的现代化，重要的是应对人的思想予以很好启蒙。就像梁启超先生早年指出的，当文化根源不足时要给予很好的文化启蒙，唯有这样，现代的人才真正可靠，现代的国家才能成为真正的现代化国家。正如英克尔斯所言，如果一个国家的人们缺乏现代心理基础，如果执行和运用这些现代制度的人自身不经历一个向现代化的转变，那么这个社会所确立的所谓完美现代化制度、管理方式及先进技术工艺，都会成为一堆废纸，失败就不可避免[②]。所以说，人的现代化，核心内容是人具有现代性思想[③]。

最后，他应该是有素质、有能力的人，这是其作为现代化中的人的主体性所要求的，也是其实现现代化必备的基础与前提。一个素质低下、能力欠缺的人是无法谈现代化的。目前，在我国迈向中等发达国家行列之际，国人现有的文化素质与技术能力、敬业精神等还远远不够，所以，应大力提升国人素质与能力，为社会创造更多财富与文明，为中国成为真正强大的现代化国家打下坚实的基础。

四、怎样实现人的现代化

（一）教育是第一工具

通过教育去改造人、提升人，是当今中国乃至世界其他国家走向现代化、实现现代化的不二选择。唯有教育才能让普通百姓的智识得以拓展，能力得以提升，才能学会辨析、判断，才会作出于己于人类有益的行动选择，才会认识到自己存在的价值与行动方向。杜威在《人的问题》一书中指出：教育是实现任何社会团体所珍视的价值与目标的第一工具，也是最审慎的工具，通过它将

① 庞绍堂．现代性、主体性、限制性 [J]. 学海 ,2008(6):44–50.

② [美] 阿历克斯·英格尔斯．人的现代化 [M]. 殷陆君，编译．成都：四川人民出版社 ,1985:22–36.

③ 姚登权．现代人的模型分析 [J]. 求索 ,2005(6):54–57.

民主分配和提供给个人，让其思考、观察、判断和选择，因此，公共学校是人类社会最伟大的发现①。

这些年，中国教育有了极大发展，教育观念从应试向素质教育的转变，教育手段越来越现代化，教育硬件设施得到极大完善，入学率从幼儿园到九年制义务教育、高职、大学，都是世界上数一数二的。近几年来，中国大学生入学人数都在 1000 万人左右，为中国社会发展创造了巨大的人口红利（见图 1–1）。

图 1-1　2009 — 2022 年中国大学毕业生人数

从图 1–1 可以发现，2009 年，中国大学毕业生第一次突破了 600 万人大关；2014 年，毕业人数突破 700 万人，达到了 727 万人，于是有了 2013 年“最难就业季”称呼之后的“更难就业季”称谓。2018 年则超过了 800 万人，达到 820 万人。2021 年，突破 900 万人。2022 年，更是高达 1076 万人。从就业层面来看，将这些怀抱理想的优秀人力资源转化为国家发展的人口红利是一个极具挑战性的问题。如果解决不好，就将造成巨大的人才浪费；如果解决得好，就将为中国社会经济发展提供强大的人才支撑。

这些教育上的改观为中国人口红利获取与社会经济发展提供了最基础的条件与保障，但是距离通过教育真正让人成其为现代化的人的路还很远很远。在广大农村地区，早早辍学流入社会的青少年还有不少；还有不少农民工在城镇务工之后基本上没有选择继续深造或者教育；更有不少留守儿童在乡下的教育因为各种条件限制基本处于放养式状态……这些都将严重限制人的现代化素质培育，致使人在现代化推进中的主体性大打折扣。

① ［美］约翰・杜威 . 人的问题 [M]. 傅统先，邱椿，译 . 上海：上海人民出版社，1965.

（二）实践是最佳途径

提高现代人的素质，重点在教育，但是关键在实践。如果离开了实践的支撑，则不仅失去了一个提升人的现代化素质的最直接途径，而且不能让人看到人在现代化追求中的价值与动力。人们只有在实际生产活动中才能获得全面自由发展。恩格斯在《社会主义从空想到科学的发展》一文中曾这样描述未来社会：通过社会生产实践，可促进人们的体力和智力获得充分的、自由的发展与运用。社会实践是最好的老师，说的就是人们在社会实践中可以学到许多东西，而且因为实践所得更真切也更实在，而被人们乐于通过此种方式提升自己的各项素能，无论是高科技创新团队的传帮带，还是车间小学徒向师傅的请教，还是在实践过程中自我处理问题能力的提升等，都是实践带给人们价值。实践是检验真理的唯一标准，任何教化与创新成果，只有通过实践才能得以检验其效能，才能去引导人们新的追求方向与改进方向。所以，英克尔斯认为“工厂是现代化的学校”[①]，实践这所学校对现代人的塑造也许更加直接、更加深远。

（三）城镇化融入是现代性实现载体

中国目前的国情之一是农民进城成为农民工进而将成为市民，以推动中国城镇化朝着既定目标迈进。城镇化本身就是现代化应有之义，让更多的人进入城镇、融入城镇是人类在追求自身发展过程中一个非常重要的现代性表现。城镇文明首先表现为工业文明，世界工业的每一次大飞跃都是人类城镇飞速发展的直接推动力。城镇作为工业的附生存空间，不管是工业发展所需的要素，还是工业产品的消费市场，都需要城镇较为集聚的空间与载体，进而借助于工业对其他产业以及人们的生活、生产等产生全面而深刻的现代性影响。因此，更多的人进入城镇、融入城镇是城镇现代化、人类现代化的必然要求。人们早日进入城镇可以早日接受城镇现代性洗礼，可以早日享受现代城镇文明的成果，可以早日为城镇文明进一步发展作出更大贡献。故有人称工业化和城镇化是中国农民现代性获得的催化剂，一点也不过分[②]。

① ［美］阿历克斯·英克尔斯．人的现代化素质探索 [M]. 曹中德，等译．天津：天津社会科学院出版社，1995:22–36.

② 丁福兴．中国农民现代性的自觉与培育 [J]. 农村经济 .2011(3):20–23.

第二章 主体与结构驱动下农村劳动力进城流动机理

第一节 农村劳动力流动情境

有效推进中国城镇化建设，切实提高中国城镇化率事关国家社会经济发展，对于解决中国“三农”问题、推动新农村建设与新型城镇化建设是一种有力保障，对于推进整个世界经济向前发展也是一个重大动力之源[①]。

因为城镇化建设、生产及消费等对社会经济发展的直接推动力，各地各级政府部门都以城镇化建设作为当地社会发展的要事来抓，不论是扩大城区建设规模，还是加强城镇基础设施建设，抑或是采取各种有效措施鼓励、吸收外来人口，特别是农村务工人员入城定居与落户等，都是围绕城镇化建设展开的。农民工是中国城镇化的原动力，该说法已经成为大家的共识。2022年，农民工总量达2.96亿人，将流动在城镇的庞大农民工群体吸纳为城镇居民，是中国未来城镇化的关键，他们的进城与落户或回乡直接关系着中国城镇化率提升与否以及中国城镇化质量的高低。

通过国家各部委、各地各级政府与相关机构的努力，进城务工人员有了越来越多的城镇获得感，他们越来越倾向于向城镇迁移，虽然目前流动人口增速放缓，但总量的增加还在继续。在务工人员向城镇迁移过程中，有两类群体特别值得关注。一类是在农村长大成年的农村留守青少年，他们在基本学业完成之后几乎全部流向城镇，不断充实着农民工队伍与城镇用工大军。有些农村留守长大的青少年甚至在没有完全成年之际就跟随身边家人、亲人、邻居进城，有的还刚刚小学、初中毕业就跟进了城。正是他们的持续跟进，扩大了进城务工总量。据多年动态监测和调查证明，当下这部分人口在流动人口中的占比呈逐年上升趋势。另一类需要关注的群体是那些在城乡之间频繁往返的农民工。本以为这类人会在城乡之

① 蔡昉 . 劳动力迁移的两个过程及制度保障 [J]. 社会学研究 ,2001(4):37–43.

间来回往返之后最终沉淀在乡村，但是他们并没有沉淀下来而是继续选择往城镇迁移。他们频繁往返流动的行为表明他们对城镇有着太多不舍。在他们的骨子里，城镇的工作、收入及生活状态已深深渗透他们每一个细胞并左右着他们的明天，乡村只是他们在城镇感到些许劳累之后的休憩场所，休憩之后终究要继续迈入城镇化。所以，这类人群虽然在城乡往返中蹉跎了岁月，但在继续推高中国流动人口的总数以及为中国城镇化率作出贡献，以至流动人口年龄逐渐增大，流动人口平均年龄呈上升趋势。《2022 年农民工监测调查报告》显示，农民工平均年龄为 42.3 岁，比 2015 年的 38.6 岁高了 3.7 岁。2015 年国家卫生计生委流动老人健康服务专题调查显示，流动老人占流动人口总量的 7.2%，他们流动的原因如图 2–1 所示。

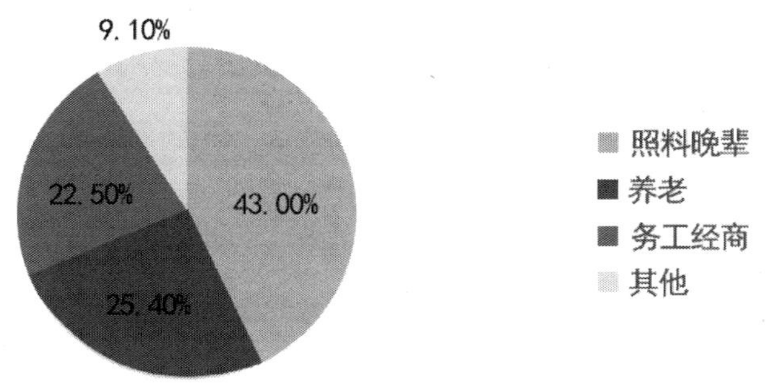

图 2-1　老年人口流动的原因

2016 年，国家卫生计生委《中国流动人口发展报告 2016》指出，家庭化迁移趋势在增强，并逐渐成为迁移主流。家庭成员流动迁移的规律一般是家庭青壮年率先独立流出，然后是夫妻共同流出，等安顿好后，再把孩子接过来，最后将老人也一起接过来，实现家庭整体迁移。目前，中国农村劳动力流动呈现出此种流动趋势的情况越来越普遍。也许，这就是中国城镇化发展必经的一个历程。相应地，在户籍地出生比例明显下降。迅速提升的流动人口城镇出生率，反映了流动人口在出生地城镇获得的待遇提升以及流动人口对出生地长久居留甚至落户的期待。当然，这一代在城镇出生的人口，不会再在城乡之间徘徊与犹豫，他们在父辈的创造之下已经自小就深深扎根在城镇，他们将来将是标准的城镇人。

所有这些迹象充分反映了城镇对农村人口的吸纳力度在加大。据了解，目前中国每年带户口迁移人数为 2500 万 ~2700 万。随着现代化进程、新型城镇化进程不断推进，带户口迁移的人会继续增加，这是现代化过程，也是欧美、日本等发达国家和地区历史经验所证明的现象。这一城镇化趋势，离不开中央各部门及各级地方政府为推进城镇化作出的努力。2014 年 7 月，国务院印发《关于进一步推进户籍制度改革的意见》，各部门、各地政府纷纷出台措施吸引农村人口落户城镇，特别是 2016 年 1 月 1 日《居住证暂行条例》施行以来，各地取消了暂住证制度，全面实施居住证制度。这对农民工尤其是年轻农民工有很大吸引力，他们在城镇务工生活，感受到了自己曾经因为条件限制而未能接受很好的教育，但现在城镇能够接纳他们的子女上学并与当地人一样参加各种考试、升学。相比于在农村老家生活，他们更愿意为了子女的发展、为了自己未来能够得到子女的赡养而选择在城镇长期居留，甚至在适当时候将户口迁入所居留城镇。

随着户口迁移政策落地落实，各地农业转移人口和其他常住人口落户城镇的数量明显增加。北京、上海、广州、深圳等超大城市、特大城市积极建立完善积分落户制度，拓宽农业转移人口落户渠道。上海市 2015 年、2016 年办理持居住证人员在沪落户 2.4 万人，超过此前 6 年间全市“居转户”人数总和。2016 年全国户籍人口城镇化率达到 41.2%，第一次超过 40% 大关，户籍人口城镇化率与常住人口城镇化率之间的差距进一步缩小。2018 年后乡村振兴战略实施，乡村对进城者拉力加大，落户城镇的步伐有所放缓，常住人口与户籍人口城镇化率差距再次上升，见表 2–1。

表 2-1　2011—2021 年全国常住人口城镇化率与户籍人口城镇化率之间的差距

年份	2011	2012	2013	2014	2015	2016	2017	2021
常住人口城镇化率（%）	51.27	52.57	53.73	54.77	56.10	57.35	58.52	64.72
户籍人口城镇化率（%）	34.71	35.29	35.70	35.90	39.90	41.20	42.35	46.70
两者之间的差距（百分点）	16.56	17.28	16.03	18.87	16.20	16.15	16.17	18.02

数据来源：国家统计局。

从表 2–1 可以看出，尽管“十二五”期间，中国城镇化率增长非常快，以年均 1.21 个百分点的速度加快发展，户籍人口城镇化率也在逐渐提升，并与常住人口城镇化率之间的差距在缩小，但是其发展速度与现实距离人们预期还很大，常住人口与户籍人口城镇化率之间的差距还在 16 个百分点以上，户籍人口城镇化率一直徘徊在 30% ~ 40%。而且，各地显示出很大差异性。贵州省统计局发布的数据显示，2014 年，全国有 16 个省份户籍人口城镇化率超过全国平均水平，上海最高，达到了 90.32%，贵州最低，只有 16.4%，两者相差约 74 个百分点。

从正在开展的新型城镇化综合试点工作看，各试点城市情况很不理想，户籍人口城镇化率仍普遍低于预期。尽管各试点城市几乎零门槛放开户籍（低到只要有合法住所甚至租赁住所即可），但是还是未能激发农村人口向城镇落户的热情。安徽霍邱县有150万人，2015年将农业户口转为城镇户口的只有273人；市辖区人口有1000万人的阜阳市，2015年只有6088人将农业户口转为城镇户口。四川阆中市计划每年2万人入户城镇，但是，2015年只有3185人，远远低于预期。其中，许多升学大学生也不愿意将农业户口迁入城镇，除非能够迁入上海、北京等一线城市。比如，2015年阆中市高考一本上线1763人，但是，迁出农村户口的只有21人。在城镇买房、工作及生活的农村人口，已经在享受城镇化带来的福利，比如教育、医疗及其他一些城镇公共设施，他们没有欲望将户口转入城镇，因为一旦转入城镇，就会失去农村户口福利。

这种人户分离情况还将在中国持续很长一段时间。根据推进城镇化比较理想的城市的经验，需要做的工作还很多，包括农村土地流转与盘活以增加农村迁移人口在城镇落户生活的资本与信心。然而，要农村人将其祖籍住宅地、自耕地及承包地与村集体土地交出来，且不说其利益算计的大小，仅从观念上来说服农民放弃附加在农业户籍上的各种福利都不是件很容易的事；再者，还有一些农民及农民工有着很深的乡土情结，他们愿意选择在城镇与乡村之间“两栖”。

针对农民这种乡城两脚都踏着的情况，能不能换一个角度考察中国城镇化呢？也就是说，农民工在城镇长久居留，是否可以允许他们长期不转入农村户口，并将其视为中国真实城镇化？毕竟，他们的工作与生活都基本城镇化了，也在为中国乃至世界经济作出贡献。如果真能这样，中国城镇化就将大大提升，关键看以什么样的长久居留作为衡量指标。然而，从国际经验看，中国所谓人户分离式城镇化，只是中国的一种独特境况。就笔者个人理解，这样的城镇化不能算真正城镇化，人们无法接受一个公民拥有两种身份：城里人、农村籍。从公平角度来说，这样的城镇化也是不允许的，至少是不可持续的。农村人无条件涌入城镇，尽享城镇各种现代文明福利，同时又享受着农村户籍带来的各种福利好处；相反，城镇人不可以在享受城镇福利的同时去享受农村户籍中的福利待遇。而且，农村人作出此种选择，还存在诸多担忧，以至他们不敢放弃祖辈赖以生存的土地与宅基地，表明城镇吸纳农民工进城落户、实现永久居留缺乏足够的保障，让农民进城落户虽说只是办证这样简单的事，但是其背后需要农民以及城镇政府考虑的事情还很多，如果这些顾虑解决不妥，农民自然就不会轻易转出他们农村户籍。有太多问题需要去调研，尤其是需要对农民工进城行为背后的动机等进行深入研究，找出其中规律，然后才能寻找合适的策略以解决这个中国独特的世纪性难题——人户分离。

前文已经述及，中国农民工在城镇居留的稳定性在增强，家庭化迁移趋势逐渐成为主流，流动入城人口年龄在增加，这些都彰显了中国城镇化继续深入推进。至于其后将户口从农村迁入城镇的工作，只有在深入了解农民及在城镇长期居留农民工对继续居留还是牢牢拽住农村户籍以便回乡的决策背后的动机与想法后，才能获得实质性拓展。只有对其迁移落户的意愿作出精确剖析才能进行行为指导，因为意愿是预测行为最接近的变量[①]。

任何行为都是在一定意愿与动机促使下展开的，如果了解了人们的真实意图，再通过一定靶向性刺激强化，这些意图就将如期转化为实际行为。届时，农民工人户分离的局面就会得到明显改观，中国真实的城镇化便会扎实提升。其实，每一个农村人都具有向城镇迁移落户的潜力，只是该潜力转化为现实的前提是他们必须有向城镇迁移的意愿。愿意迁移的农村人越多，城市化势能便越大，落户城镇的农村人自然就会增加，这是中国城镇化发生、发展的基本前提，因此，在分析中国城镇化发展战略和模式时，就应考虑中国农村人口迁移落户的意向及其影响因素，然后采取相应措施以推动农村人口进城落户[②]。

第二节　农村劳动力流动的城乡视角

农村劳动力流动最核心最关键的是进城流动并实现落户定居生活，那么，农民工对进城落户究竟是怎么想的？其进城落户的意愿到底是什么？许多学者围绕农民工进城流动、定居及落户意愿、影响因素开展了大量研究，以主题为“农民工”“流动”进行检索，在中国知网查到24489篇文章，各阶段研究状况见图2–2。

① 蔡昉.劳动力迁移的两个过程及制度保障[J].社会学研究,2001(4):37–43.

② 侯红娅,杨晶,李子奈.中国农村劳动力迁移意愿实证分析[J],经济问题,2004(7):52–54.

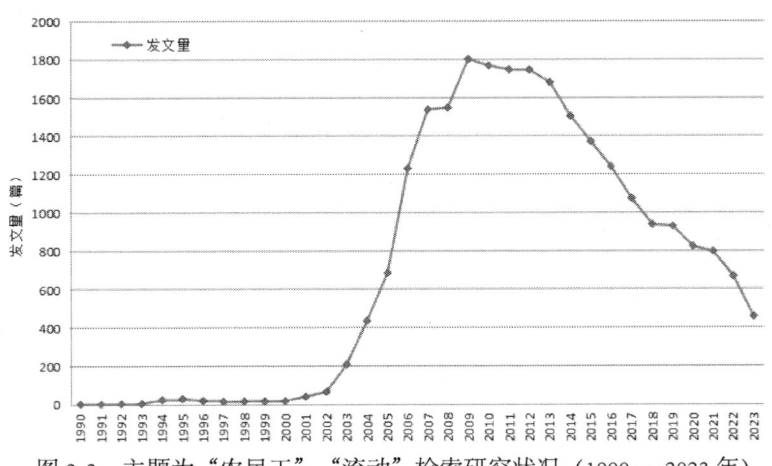

图 2-2　主题为“农民工”“流动”检索研究状况（1990 — 2023 年）

以主题为“农民工”“迁移”进行检索，发现 4300 篇文献，各阶段研究状况见图 2–3。

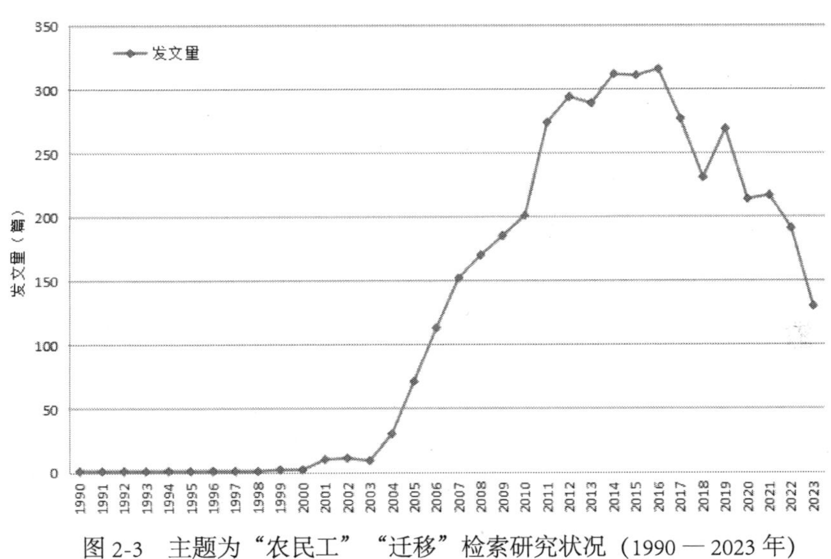

图 2-3　主题为“农民工”“迁移”检索研究状况（1990 — 2023 年）

目前研究显示，虽然相比于 2009 年、2016 年研究高点，研究文献有所下降，但是对农民工进城意愿及流动性研究仍然是研究热点，还处于研究高位。从各种研究文献发现，有些就事论事，有些从实证角度作出一定分析，有些指称他人研究缺乏系统性……看完这些所谓影响因素分析之后，叫人更加模糊。究竟是哪些因素在影响着农民工的进城居留与落户意愿及行为，哪些因素起着关键作用，前人的研究不能给出一个很有说服力或者具有一定理论支撑与具体可操作的解答。鉴于农民工进城实践着从农村到城镇、从农民到城镇居民的社会身份转变，鉴于这是一种新的社会结构在一定规则与资源支撑下成长的社会现象，本研究认为很适合采用吉登斯社会结构理论进行解答，下面拟利用社会结构理论对曾经的研究文献作一个简单梳理，然后，借助于吉登斯社会结构理论中的主体——结构二重化理论，在前人研究的基础上建立起逻辑框架，以供研究者、决策者思考并实践城镇化战略时参考。

与众多学者就事论事及对各种影响农民工进城落户的因素进行离散性、随意性实证分析不同的是，本研究将前人研究概括为两大层面：一个是结构性层面；另一个是主体性层面。就结构性层面而言，又从城镇与农村两个角度开展研究，其中心表达就是城镇社会向农民工敞开怀抱时的制约性或阻碍性。人们对中国农民工这一特殊群体展开研究时，都普遍强调包括制度安排、经济分割、社会文化排斥、空间区隔等结构性因素的制约性影响[①]。

就城镇视角而言，城乡分割的二元社会结构对农民工向城镇迁移落户定居是最根本的障碍（吴兴陆，2005)），其中，被人们最为诟病的是城乡之间的户籍壁垒。在此主导下，中国城市劳动力市场呈现二元分割的基本态势（刘程，2015）[②]。学界普遍认为，以户籍制度为核心，与之相关的系列社会福利与保障制度形成了农民工融入城镇客观上的屏障。其中，户籍制度事实上成为一种“社会屏蔽”制度，成为农民工实现城市融合目标的最大瓶颈（李强，2001）[③]；户籍制度及其衍生的福利制度无疑是最大的社会障碍（王春光，2006）[④]；“城乡分治、一国两策”的户籍制度不仅是农民工群体得以产生和持续存在的根源所在，而且也是将他们排斥在城市户口的各种附属福利和权利之外的根本原因[⑤]。

城镇户籍曾经令多少想转户到城镇的人感到莫大阻力或者说是望而却步，由于就业、生活、社会保障、教育、医疗等附加在城镇户籍上，进城农民工曾经渴望拥有这样的户籍以充分享受其福利待遇。不过，时过境迁，当年城镇户籍吃香的现象随其“含金量”下降而逐渐消失，对农民工的吸引力大大减弱，相反，农村户籍由于附着一定的土地与政策福利而备受城里人羡慕。自然，农村人不愿轻

① 许传新．“落地未生根”：第二代农民工城市社会适应研究 [J]. 南方人口 ,2007(4):52-61.

② 刘程．理性行动及其限制：关于新生代农民工城市融合过程的定性研究 [J]. 社会科学 ,2015(2):89-98.

③ 李强．中国城市农民工劳动力市场研究 [J]. 学海 ,2001(1):110-115.

④ 王春光．农村流动人口的“半城市化”问题研究 [J]. 社会学研究 ,2006(5):107-122.

⑤ Chan K.W.,L. Zhang.The Hukou System and Rural-urban Migration in China:Processes and Change[J].The China Quarterly,1999.（160）：818-855.

易放弃农村户籍，这也难怪绝大部分农村人可以进城长久居留但不会盲目将农村户籍转入城镇。如今，人们似乎对曾经阻力重重的户籍壁垒不再过多指责。当前社会情境下，来自制度层面的各种限制在逐渐解除，来自市场方面的障碍却越来越凸显，尤其是对于市场驾驭能力或者说市场话语权较弱的广大进城农村人而言（叶鹏飞，2011）[①]。而且，随着改革深入推进与社会经济持续高速发展，某些阻碍农村人口城市化的规章制度如食品配给制度已经被完全废弃，某些制度如户籍制度、城市用工制度的阻碍作用则逐渐减弱[②]，但是，由于农民工长期处于被城镇户籍排斥的边缘状态，该排斥性对于那些早年进入城镇、受到城镇户籍伤害的农民工来说可谓根深蒂固，以致他们在对自我认知时一直以农村人而非城里人看待，即便现在放开户籍，他们可以轻易拿到城镇户籍，但是在心里，他们还是认为自己是乡里人。而且，现在的农民工处于城乡分割二元劳动力市场，在户籍制度及其附着其上的"城市偏向"福利制度带来的制度惯性影响之下[③]，他们难以与城镇人口一样享受到同等待遇，还处于城镇边缘状态，这些都决定了他们对待城镇化时采取居留而不迁户的理性与感性决策。

除了城镇制度性阻碍外，城镇社会经济生活支撑、消费生活接轨、文化同化以及社会接纳等方面，对农民工进城及居留与落户亦产生太多阻力。城镇化对于农民工来说是一个新的社会化过程，他们需要从农村社会向城镇社会转变，其中，城镇的接纳、包容与否对于农民工成功转化为城镇一分子至关重要。经济层面的影响主要体现在职业、收入以及由此所维持的城镇社会生活。城镇接纳农村进城人员最主要的平台是能否为他们提供足够的就业岗位，这是他们立足城镇的前提，如果进城人员在城镇找不到合适的工作或工作不稳定导致收入不高，他们就会选择继续流动而无法安居。学者们大多认为，由于缺乏城镇户籍，大多数进城农民工难以享受充分的城镇公共服务，一旦他们遭遇就业不稳定或者经济形势不乐观时，就会选择回流到老家，这是规避流动风险较好的方式（蔡昉，2013）[④]。尉建文与张网成（2008）认为，职业是所有变量中对农民工留城意愿影响最大的一

---

① 叶鹏飞．农民工的城市定居意愿研究：基于七省（区）调查数据的实证分析[J]. 社会，2011(2):66–167.

② 卢向虎，朱淑芳，张正河．中国农村人口城乡迁移规模的实证分析[J]. 中国农村经济，2006(1):35–41.

③ 卓玛草，孔祥利．农民工留城意愿再研究：基于代际差异和职业流动的比较分析[J]. 人口研究，2016(3):96–105.

④ 蔡昉．通过改革避免"中等收入陷阱"[J]. 南京农业大学学报（社会科学版），2013(5):1–10.

个因素，留城意愿最强烈的是那些有着一定人力资本且从事个体经营的农民工群体[①]。熊波与石人炳（2009）研究发现，职业种类与收入状况对农民工定居城市意愿的影响显著[②]。收入越高、务工时间越长，农民工留居城镇的意愿越强烈（段志则，2010）。黄祖辉与毛迎春（2004）认为，进城1~2年的农民工回农村的欲望最强烈，随着进城时间不断延长，农民工回村的意愿逐渐淡化，留居城市的意愿越来越强[③]。李强等（2009）的研究也得出了类似结论[④]。封进与张涛（2012）研究表明，影响农民工就业的最主要因素是收入[⑤]。文化同化层面是与城镇文化排斥相对应的，由于不同的人的文化背景不一样，当来自五湖四海的人集聚到某一个城镇时，文化的碰撞就成为自然之事，特别是当地城镇文化对外来文化冲击的包容对于那些携带各种文化的人在新的文化背景下生存发展有着积极作用。文化上的差异不仅体现在语言、工作方式以及娱乐休闲上，还体现在人们的日常交往上，如果这些差异不能在城镇化过程中得以有效化解，农民工很难在当地城镇定居落户。社会接纳层面则体现在城镇居民的社会排斥与农民工自我社会角色的认同上。社会排斥最突出的表现是农民工在城镇社会政治参与上的缺失，他们不能将自己在城镇中的诉求通过正规途径予以提出，不管是单位工会还是社区各种政治活动，他们大多被排斥在外。另外，城乡二元结构的长期运行，致使一些城市居民在农民工面前显得“高人一等”，他们不屑与农民工交往，言语形态上往往也表现出明显的防御、抵触心理，进一步加剧了城乡之间的偏见与歧视[⑥]。其实，这种偏见和歧视是主导群体已经享有社会权利，不愿意与别人分享的表现（戴维，1999）；农民工作为一种称谓，本身就体现出一定的非对等性与非公平性[⑦]；郑功成等（2006）亦指出，进城务工的农村劳动者被称为农民工，其本身就意味着他们不能充分享受与城镇户籍拥有者一样的平等劳动地位，反映了传统户籍制度

① 尉建文，张网成．农民工留城意愿及影响因素：以北京市为例 [J]. 北京工业大学学报 ,2008(2) :1.

② 熊波，石人炳．农民工永久性迁移意愿影响因素分析：以理性选择理论为视角 [J]. 人口与发展 ,2009(2):20–26.

③ 黄祖辉，毛迎春．浙江农民城镇化：农村居民进城决策及进城农民境况研究 [J]. 浙江社会科学，2004(1):45.

④ 李强，龙文进．农民工留城与返乡意愿的影响因素分析 [J]. 中国农村经济 ,2009(2):49.

⑤ 封进，张涛．农村转移劳动力的供给弹性：基于微观数据的估计 [J]. 数量经济技术经济研究，2012(10):69–82.

⑥ 江立华，胡杰成．社会排斥与农民工地位的边缘化 [J]. 华中科技大学学报 ,2006:(6):112–116.

⑦ 王星．城市农民工形象建构与歧视集中效应 [J]. 社会科学评论，2006(3)：43–52.

内含的非公平性乃至歧视性[①]。

卢海阳认为，农民工之所以难以得到城镇社会的认同，是因为他们在求职、交往、教育等诸多方面受到了来自城镇的各种歧视。丁开杰认为，城镇对农民工实际上是“经济上吸纳，社会层面拒入”，从而使农民工形成了城镇中的“无根”社会阶层[②]。农民工城镇化不仅是标签意义上的身份转变即户籍身份的变化，更重要的是农民工心理层面的身份认同即他们是将自己看作城里人还是乡里人。“城市人”身份的认同对农民工以城镇为归属起着强力推动作用，当然，这样的身份角色认同不只是体现在自我简单判别上，还是综合政治、经济、文化、社会等各种因素而作出的一个与这些内在物相适应的归类，即身份认同常被用来表征流动人口身份标识，与之相对应的还有经济、社会、文化等维度的契合（卢海阳、梁海兵，2016）[③]，而且，新生代农民工相比于老一代农民工对农村的认同远不如对城镇的认同[④]。城镇不只是对农民工有着阻力作用，在某些方面也存在一定推力与拉力作用。首先，它以经济的支撑，为广大农民工在城镇立足解决最基本的生存问题提供了条件与机会。其次，城镇文明的现代性吸引农民工向城镇迁移。农民工由单个人进城到结伴进城再到家庭化迁移进城，由进城回到农村再到城乡“两栖”直至在城镇买房实现长久居留，都无一不体现着城镇文明对农民工的吸引，这是由人性的本能决定的。虽说部分农民工向往乡村，但是他们不代表大多数。城镇现代文明的规模效益、生活方式的丰富多彩、工作方式的规范有序、人际交往的异质化、信息传输的快速化、医疗保障的及时性、养老的便利性与周到性等都是人们在解决了基本生存之后自然追求的高层次内在自我需求。农民工通过向城镇流动，在现代城市社会生产与生活体验中，逐步型构自己的思想观念与行为模式，最后形成一系列与城市现代性相适应的城市化特征。这种因城市生活与生产而获致的现代性特征，无疑为农民工内化为城里人自我认同进而实现在城镇长久定居奠定了坚实的基础。

在农村社会视角上提得最多的是农村户口上附加的各种福利待遇对农村人口的吸引，从而都阻滞了广大农民工向城镇迁移落户。其中，尤为重要的是农民赖

① 郑功成，黄黎若莲，等．中国农民工问题与社会保护 [M]. 北京：人民出版社，2007.

② 丁开杰．和谐社会的构建：从社会排斥到社会融合 [J]. 当代世界与社会主义，2005(1):53–57.

③ 卢海阳，梁海兵．“城市人”身份认同对农民工劳动供给的影响：基于身份经济学视角 [J]. 南京农业大学学报（社会科学版），2016,16(3):66–76.

④ 杨菊华，张莹，陈志光．北京市流动人口身份认同研究：基于不同代际、户籍及地区的比较 [J]. 人口与经济，2013(3):43–52.

以为生的命根子——土地（传统农民所持的观点）及附加的土地权利。学界主要从户籍与常住两个角度探讨农村土地制度对农民工进城落户意愿的影响。对于农民来说，他们一般是不会通过转户口轻易交出他们的土地的，如果要求交回集体承包地，只有 10% 左右的农民工愿意转为非农户口①。不论是城郊土地被征收产生的巨大福利诱惑，还是那些贫瘠乡村山区的土地，他们都不愿意轻易通过转户口交出来。他们认为这些土地是自己的私有财产，是自己的最后保障，即便这样的土地荒废在那里。也有学者从常住视角考察农村这一土地制度，同样发现土地对农民工留城意愿具有明显负效应，导致农民工返乡②。事实上，随着国家社会保障政策普及化、全民化，许多土地对于那些长期在城镇居留工作与生活的人来说已经失去了保障功能，他们之所以仍然系挂着土地，主要是因为其在城市谋生的能力不强③。

根据吉登斯社会结构理论，一个社会结构的形成、成长离不开其中的主体角色在社会实践中的主动性行动。照此理解一个社会结构，需要对其中的行动主体行为及其行为动机决策等有清晰的理解。城镇化浪潮兴起，农民工向城镇大规模涌入功不可没，因此，在研究中国城镇化特别是农民工进城落户意愿时，几乎所有学者都会围绕城镇化主体个性特征进行描述并作出一定实证分析。有人认为，迁移者性别、年龄与教育程度是影响农民工迁移意愿的三个主要显著因素。黄乾（2008）认为，与性别、受教育程度等个人特征相比，农民工年龄相对于其性别与教育程度，对他们定居城镇意愿的影响更为显著，并且呈现出年龄越大定居或者进城意愿越弱的特征④。

在年龄上提得最多的是新老农民工代际差异对其进城定居或者落户的影响。1980 年之前与之后出生的农民工在到城镇定居的意愿上存在很大差异：之前出生的更多倾向于选择回老家定居；之后出生的则可能更倾向于选择到城镇定居。40 岁以上的农民工基本放弃了对到省级以上大城市定居的打算，他们在选择城镇时更多倾向于当地地级市、县城甚至小城镇⑤。性别对农民工进城的影响也很明显，男性更多倾向于进城，但是相对于女性进城，其定居与落户的意愿没有

① 张翼.农民工“进城落户”意愿与中国近期城镇化道路的选择[J].中国人口科学,2011(2):17-18.

② 蒋谦．四川省农民工回流意愿影响因素分析 [D]. 四川农业大学 ,2009:24-30.

③ 陈俊峰，杨轩．农民工迁移意愿研究的回顾与展望 [J]. 城市问题 ,2012(4):27-32.

④ 黄乾．农民工定居城市意愿的影响因素：基于五城市调查的实证分析 [J]. 山西财经大学学报，2008(4):26.

⑤ 张翼.农民工“进城落户”意愿与中国近期城镇化道路的选择[J].中国人口科学,2011(2):18-20.

女性强，因为女性比男性更倾向于城市生活（李强与龙文进，2009[①]；续田曾，2010[②]），而男性觉得在城镇工作与生活压力巨大，要承担更多家庭责任，所以其回乡比例高于女性[③]。

不过，对此性别的影响，学界认为对其解释力的强弱需要在以后研究中进一步论证，因为在城镇化决策上男性可能具有更强行为动机，他们作为家庭"养家糊口"的主要承担者，觉得进城才能更好地承担家庭重负，才能改善家庭生活，而农村女性一般会跟随男性在城乡之间流动。当然，随着农村女性自我意识的觉醒，其在城镇化决策上的动机越来越强烈。而当研究放在预设"交回承包地"条件之下时，性别的解释力就大大消失。

虽说有关农民工受教育程度对其进城意愿影响的观点并不一致，实证结论也存在差异，但是总的来说，以教育程度为核心的农民工人力资本对其城镇化意愿的影响是显著的。不论是国内还是国外，基本肯定了教育程度等人力资本充裕性对移民在目的地定居或长期居留有着直接影响。Nicassio 与 Pate 等在研究美国外来移民定居时发现，移居国外者很容易产生分离创伤，而居住时间与教育、收入等因素能够减缓这种创伤[④]。那些受教育水平较高者及年轻人常常预期城市与农村之间收入差异很大，于是，他们率先从农村向城市迁徙（Carrington 等，1996）。续田曾等（2010）认为，农民工迁移决策是一种基于教育的正向选择过程。放松户籍制度约束后，为了促进新生代农民工更好地实现城市融入，提升新生代农民工人力资本水平已成为学术界共识[⑤]。周密等（2015）通过分城市规模实证分析了人力资本对农民工城市融入的影响，发现在不同城市规模下人力资本积累对新生代农民工城市融入决定的影响是不同的。刘建娥的实地调研发现，目前中国农民工社会融入度之所以偏低，主要受人力资本、社会资本、居住、健康等因素影响，其中，人力资本因素在农民工城市社会融入中的作用越来越受到政

① 李强，龙文进．农民工留城与返乡意愿的影响因素分析 [J]. 中国农村经济 ,2009(2):51–52.

② 续田曾．农民工定居性迁移的意愿分析：基于北京地区的实证研究 [J]. 经济科学 ,2010(3):126.

③ 段志刚，熊萍．农民工留城意愿影响因素分析：基于中国七省市的实证研究 [J]. 西部论坛 ,2010(5):43.

④ P. Nicassio, J. K. Pate. An Analysis of Problems of Resettlement of the Indochinese Refugees in the United States[J].Social Psychiatry,1984,19(3):135–141.

⑤ 周密，张广胜，杨肖丽，等．城市规模、人力资本积累与新生代农民工城市融入决定 [J]. 农业技术经济 ,2015(1):54–63.

府和学界重视[①]。

根据农民工进城家庭化趋势增长的现状，在此方面开展研究的成果也大幅增加。农民工携家带口迁移越来越普遍并成为一种趋势，且在流入地城市工作和居留开始趋向长期化和稳定化。李强（2014）认为农民工留城和返乡意愿同时受到婚姻状况与是否举家迁移这一状况影响。在东部地区一些主要劳务输入地城市，农民工与配偶、子女在城市共同生活开始成为该群体在城市居留形态的主要模式。中国人特别是农村人的行为决策背后有着太多家庭痕迹，他们行动时要么听从家庭人员提议，要么考虑家庭成员利益，以实现自身及家庭整体利益的最大化，蔡昉（1997）很早就注意到，家庭决策在中国农村劳动力迁移中具有独特地位。为什么举家迁移的农民工更偏好大城市生活，而且偏向省会及以上大城市，而已婚农民工更倾向于选择规模小的县城和地级市定居？来自家庭方面的影响很关键。家庭既是一个生产收益单位，也是一个风险规避组织，它对于家庭成员在城镇化进程中的收益增长、风险规避都起着相应作用。举家迁移的家庭成员在大城市可以更容易找到收益较高的工作，从而增加家庭定居的预期收益；选择中小城市则是更多考虑到了家庭成员在大城市生活的成本问题[②]。婚姻和家庭为农民工在城市生活提供了必要支持，这种作用主要是情感性的，同时，在经济上具有共担风险的效果[③]。已婚者更愿意回老家，因为家中有需要赡养的老人与照顾的小孩，是那份情感牵挂与责任让他们不得不作出这样的行动决策。相关经验研究结论也证实，非经济因素在农民工家庭化迁移和城市融入中发挥着重要作用。情感、习惯与观念等各种社会因素都对农民工迁移行为产生不同程度的影响（洪小良，2007），社会网络、社会资本、文化习俗等固有社会因素也常常成为农民工进城迁移的动力与阻力（王桂新等，2008）。熊景维与钟涨宝（2016）在解释农民工家庭化迁移行为模式时发现，以家庭而非个体为单位进行迁移将成为农村迁移人口流动的基本趋势[④]。

① 刘建娥．乡—城移民（农民工）社会融入的实证研究：基于五大城市的调查 [J]. 人口研究 ,2010,34(4):62–75.

② 夏怡然．定居地选择意愿及其影响因素分析：基于温州的调查 [J]. 中国农村经济 ,2010(3):22.

③ 叶鹏飞．农民工的城市定居意愿研究：基于七省（区）调查数据的实证分析 [J]. 社会 ,2011(2):42–43.

④ 熊景维，钟涨宝．农民工家庭化迁移中的社会理性 [J]. 中国农村观察 ,2016(4):40–55.

第三节　主体与结构驱动下农村劳动力进城流动机理

一、吉登斯社会结构理论解读

社会是什么？社会是怎么形成的？对此，有些学者认为社会是个人集合的标签，对社会的研究其实就是对个人的研究，韦伯更直接说是对个人行动的研究；而有些结构主义者、整体主义者认为，社会有着内在的结构，个人的行为都要受到结构制约，或者说，研究结构中的人的行动，必须先研究人所赖以存在的结构。在结构面前，任何人都被安排好了，有一种整体结构宿命论的味道。但是，20 世纪 70 年代以来，社会学者一直在寻求对个人与结构之间的整合与融合，借此超越过去人们对结构与个人之间的对立性研究。其中，英国著名社会学家安东尼·吉登斯是最有成就的一个。他在社会结构研究中的成就主要体现在他的三本著作：《社会学方法的新规则》（1976）、《社会理论的中心问题》（1979）、《社会的构成》（1984）[①]。

该理论的核心概念是“结构二重性”和“实践”，核心观点是主体和客体之间并不是一种非此即彼的对立关系。在一定社会结构中，行动主体在实践中必须按照应有社会规则行动才能获取必要资源。同时，社会结构在行动者实践行动中得以再生产，个体行动者在实践中，既受制与受动于一定社会结构，又创造、推动社会结构不断变迁，最终，社会结构在行动者实践行动中得到真正体现与延续。结构化理论要素有以下四个。

（一）行动和行动者

吉登斯认为，行动是一种行动体验的连续流，是绵延不断的行为流。有目的的行动并不是由一堆或一系列单个分离的意图、理由或动机组成。他参照弗洛伊德心理结构模式，将行动者的行动区分为无意识动机、实践意识和话语意识三种类型。吉登斯尽管看到了社会结构中行为者行动自主性对社会构成的作用，但是，他又没有过于夸大行动者主观能动作用，而是认为人的主观能动性具有太多限制

① 安东尼·吉登斯 . 社会的构成 [M]. 李康，李猛，译 . 北京：生活·读书·新知三联书店 ,1998.

性，从而导致许多意外结果出现，这又为新的社会结构创造了一定社会条件。

（二）结构和结构化

结构与结构化两个术语，反映了社会结构的静态性与动态性。结构是什么？吉登斯对此明确界定：结构就是规则和资源，而且结构中必须有行动者参与。也就是说，行为者在特定时空限制社会环境下，通过利用社会中的规则和资源，从而对社会结构进行再生产①。结构有着二重的属性，即社会结构不仅对人的行动具有制约作用，而且是行动得以进行的前提和中介。

（三）权力

吉登斯认为，在整个结构化思想的理解链条上，权力是一个至关重要的概念。他认为权力就是指一种对资源的支配力量，是行动者干预一系列事件以改变其进程的"能力"。他也指出，权力本身并不是一种资源而是对资源所进行构建、操控和支配的能力，资源只是权力得以实现的一种手段、工具和媒介体系。

（四）时间和空间

任何社会结构及行动者的行动都离不开一定情境的时空，在不同时空背景下，人们运用相关权力以开展行动对社会进行型构时所表现出的社会形态与社会条件都不一样，因此吉登斯着重探讨了时空对整个社会结构中权力的关键作用。

农民工城镇化，是农民工群体应对城镇社会到来所发生的一种积极型构，城镇社会中的规则与资源，对广大农民工散发出一种无穷诱惑，不论是工作机会、工作形态以及工作收入引发的一系列思想、行为方式的改变，还是城镇中的便利生活、多样性选择、社会交往对象差异化，也包括城镇人们的自由、梦想与努力就会有回报的获得感，都使那些在农业社会中备受压抑的农民产生了无尽幻想与追求，从而源源不断从农业社会向城镇社会迈进。在向城镇迈进过程中，他们经历了渴望、兴奋，也目睹了城镇文明的各种精彩，但是，也有许多农民工在城镇遭遇到各种挫折，新的诉求无法得到满足与处理，他们在内心又进行着乡村与城镇的各种比较，最后，因为一些具体措施与事由而决定居留城镇或回归乡下。他们经历了从无意识地、尝试性地向城镇迈进到盲目跟进，到汹涌进入以及理性回归乡村，再到更理性地迈入城镇这一循环往复过程，中国的城镇社会就在这种循环往复过程中塑造出一种独特城镇化社会，也使中国城镇化体系呈现出超级大城

① 乔纳森·H. 特纳. 社会学理论的结构 [M]. 邱泽奇，张茂元，等译. 北京：华夏出版社，2006:451.

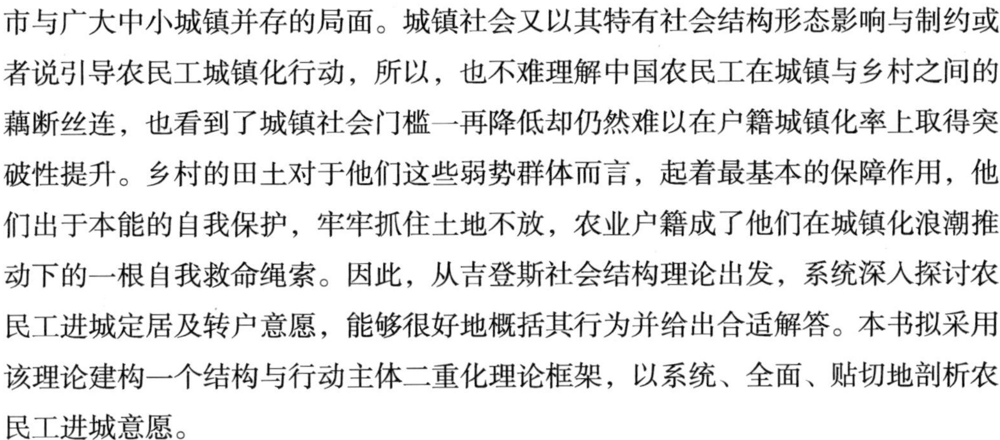

市与广大中小城镇并存的局面。城镇社会又以其特有社会结构形态影响与制约或者说引导农民工城镇化行动，所以，也不难理解中国农民工在城镇与乡村之间的藕断丝连，也看到了城镇社会门槛一再降低却仍然难以在户籍城镇化率上取得突破性提升。乡村的田土对于他们这些弱势群体而言，起着最基本的保障作用，他们出于本能的自我保护，牢牢抓住土地不放，农业户籍成了他们在城镇化浪潮推动下的一根自我救命绳索。因此，从吉登斯社会结构理论出发，系统深入探讨农民工进城定居及转户意愿，能够很好地概括其行为并给出合适解答。本书拟采用该理论建构一个结构与行动主体二重化理论框架，以系统、全面、贴切地剖析农民工进城意愿。

二、结构与主体的二重化实践框架

（一）结构

结构是什么？吉登斯认为结构就是一种资源与规则，是存在于人们头脑的记忆痕迹，并通过人的行动展示出来，正如乔纳森·特纳指出：“结构可以概念化为行动者在跨越‘空间’和‘时间’的互动情景时所利用的规则和资源，由此维持和生产着相应社会结构。”通俗一点说，结构就是一种客观存在，对人们的行为产生一定引导或者制约，然后，又通过人们的社会行动塑造新的社会条件，形成新的社会形态。它包含以下三层含义。

第一，结构是一系列规则，包括正式的法律法规或者结构内部固有的习惯、习俗等规则，这些规则对人们的行为起一定约束与指导等作用，即人们一般会在潜意识中按照这些规则行事，否则会觉得在该结构中很不自在。

第二，结构是各种类型资源的集合。主要有两种资源，一种是该结构社会中的实物性资源，一般是那些能够标识出该社会结构的独有特征。诸如城镇中的工业生产及产品、便捷发达的服务业、宽阔快捷的道路交通、林立的高楼、分区设立的城市功能区隔、各种应对规模人口聚居的便利设施等，都标识着一个城镇应有的外在景观。农民工向城镇集聚，首先看到的是城镇社会所集聚的诸多实物性资源，并希望进入该社会获取这些资源，也有人称之为“配置性资源”。该资源只要是该社会中的人就可共享，它对社会以外的人具有一定垄断性或排斥性，社会以外的人不可轻易得到其配置。正是资源的这一配置性，使农民工进入城镇时遭遇到城镇社会诸多排斥。刚开始，城里人生怕他们的到来分享了本不丰裕的物质资源，比如各种物质设施、工作岗位、物品消费所引起的价格上涨等；后来，随着农民工对城镇社会的创造性的展现，新的城镇对农民工有了更多包容，一些城镇特享的物质资源也向广大农民工配置。对农民工而言，他们对城镇物质资源在社会内部的过强自我分配感到很委屈甚至抵触这样的拒斥，因为他们在城镇工作、生活，他们的行动不断在创新城镇化的发展，但是他们又不能享受包括自己在城镇所创造的系列成果。正如人们所说的，他们清扫出了干净的城镇环境，但是自己只得住在很脏的地方；他们为城镇修好了豪华舒适的高楼，自己只得挤住在阴暗、狭小极为简陋的工棚、地下室或者出租房；他们让城里人吃得很舒服，自己则只能在劳累不堪中随意糊弄一下自己的肚子……由于城镇发展，城镇社会逐渐延伸与扩大，农民工获得了一定的物质性资源配置，使其在城镇长久居留或者落户城镇完全成为一个城镇人的现象增多了。因为，作为某一个社会中的人不能享受其物质性资源，这是该社会很不正常的现象，长此以往，该社会就不能可持续发展。许多空城、鬼城以及逃离北上广、折回中小镇等现象出现，反映的就是中国城镇化发展过程中出现的一些情况，也是当今许多农民不愿在城镇长久居住或者迁户的内在原因之一。

另一种资源是隐含在各种社会关系网络中的非物质性资源——“权威性资源”。该资源的存在也是一个社会独有的标志，只是该标志不能被人轻易看到，只有通过其中的社会行动才能具体意识到它的价值与特有运行规则。对于广大进城农民工来说，要获取这类资源非常艰难，甚至在正常城镇社会行动中处处感受到该资源受限所带来的诸多麻烦。农民工要获取这些资源，除了城镇社会主动将有些权威性资源通过一定制度、规则将其明确、共享，以减少因为该资源缺乏而限制农民工在城镇的社会行动，作为农民工个人而言，也要通过自己的努力去摸清其中的权威性资源运作方式，学会适应并争取进入其中的社会网络运行关系，不要总是在原有社会关系圈中自我强化、固化与自闭，要以一个新的城镇人身份参与城镇社会网络关系运行，以争取更多此类权威性资源。

第三，结构是一套制度化下的社会行动模式，是一系列制度化规则组合，能够被人们反复采用并再生产出来。作为客体，结构以各种形态的制度对其中行动者以制约或引导行动者适应社会并生产出新的社会结构。

所以，从一定意义上来讲，结构就是社会结构中的人们利用其中规则与资源开展行动的系列制度集合，这些制度对于培育或者创建一个什么样的社会具有很大决定意义。美国经济学家道格拉斯·诺思曾指出，制度在社会中起着更为根本性的作用……它具有激励性，好的制度应该可以激励人们发挥他们的创造力，提高生产效率[①]。蔡昉（2001）指出，就制度对于经济社会发展的意义而言，首先应有制度，其次要让制度运转起来。中国农村劳动力流动的命运如何、他们将来能否在城镇定居下来等系列问题的解决，取决于相关制度变革的趋势与成效。社会结构是行动者通过反复的社会实践创造出来的，而制度又对行动者的行动或者起制约作用或者起引导作用，人们也不应将结构等同于制约，因为结构总是同时具有制约性与使动性[②]。故此，制度对社会结构具有很直接的、强大的型塑作用，制度型塑社会结构的价值与权威主要在于其内含的资源多少、资源配置方向、资源配置效率等，一项有威信或有引导力的制度，其约束力更具体一点说是引导力在实践中将更加有效。当今农民工对待城镇化的态度与事实，与国家或者地方城镇政府所施行的各种与农民工流动有关的制度密不可分。在向市场化迈进过程中，各种制度调试着农民工的城镇化道路与模式，不论是超大城市积分落户政策，还是现行居住证制度以及许多中小城市落户零门槛制度，不论是住房按揭向农民工开放以及城乡养老保障一体化与城乡医疗异地结算等制度；还是与农村户口有关的土地流转及社会保障等制度，无不引导或制约着农民工城镇化迈进的步伐。

由此，人们认为，结构性制度对农民工进城长久居留或者迁移落户有着很强的正向关系，好的城镇化制度将加速农民工城镇化进程，不利的制度会制约甚至阻碍农民工城镇化进程。

（二）主体

人的行动与结构之间的关系问题是结构理论的核心问题，社会行动与社会结构在吉登斯看来不是彼此对立的，而是正如一枚硬币的两个面，一切社会行动皆包含社会结构，而一切社会结构必有社会行动的涉入[③]。行动者离不开一定的社会结构，甚至受该结构制约，但是，他又具有一定能动性，社会结构往往在行动者能动作用下不断超越时空而被创造出来，或者说社会结构在行动者能动作用下不断被型塑更新。行动者是结构化的行动者，他不能完全脱离社会结构对其影响，然而在结构面前，行动者并不是完全无能为力的，反而是结构形成与改变的积极

① 诺思访谈：诺思的“制度富国论”[N].21 世纪经济报道，2002-04-08.

② 安东尼·吉登斯.社会的构成[M].李康，李猛，译.北京：生活·读书·新知三联书店，1998:89,89-20,61-62,281,526.

③ 于海.结构化的行动，行动化的结构[J].社会，1998(7):46-47.

推动者、创造者。

行动者的能动性首先表现为他们做这些事情的能力。该能力又通过对自我认知、自我意愿表达、目标追求以及为实现目标所掌握资源的程度与对社会规则遵循突破的程度展现出来。为表达出行动者的这种能动性，吉登斯将其与权力关联起来，认为权力是社会成员改变行为方式的一种能力，即有能力干预这个世界或者以自己喜欢的方式去生活的能力，权力的实施是每个社会成员所具备的能力，一旦丧失就意味着该行动者不是一个完整的行动者。

其次，行动者的能动性又体现在其有知识，其知识具有意识性、反思性与实践性。行动者在行动时，不仅清楚其行动的理由和动机，还能监控自己的行动及所处社会情境，并据此作出科学理性的决策。不过，行动者因受限于自身知识的不完全，他们并不是完全按照理性在行动，他们的行动带有太多非理性或者说有限理性，行动总是会受到一定社会结构的影响而导致一些“非预期的行动后果”发生。

比如广大农民工，他们在城镇化决策过程中，对是否进城就是一种能动性表现，他们一般会按照理性原则作出判断。判断时，他们一般会遵循从生存保障到最优获取再到对城镇社会的满意认同这一逻辑思路，因此，他们决策时会按照生存原则、最优原则及满意度原则进行。从最优原则来看，也许进城定居是最佳选择，但是从满意度原则看，他们又觉得在城镇并不能完全获得保障与满意。不过，由于农民工主体自身条件各不一样，他们在城镇化决策时的逻辑思路并不完全按照上述规律进行，这些不一样的个体特征，包括农民工来源、性别、年龄、家庭状况、婚育状况、教育程度、个体在城镇的流动时间及流动关系等，都对他们在城镇化决策中产生巨大影响，令人们很难用统一的最优原则或者满意度原则来对待他们的行动及其意图；再加上他们在具体城镇化实践过程中碰到许多未被认知与预料的行动条件，致使他们更加难以准确判定其行动结果。在未被行动者认知的行动条件、行动者反思性监控、行动理性化、行动背后的动机以及“非预期的行动后果”等诸多因素影响下，农民工便有了城镇化层次分化，或者说构成了吉登斯的“行动自我分层模型”。于是，人们看到的是农民工个体分化中的不同城镇化道路，即不同个体特征的农民工将选择不同城镇化道路，城镇政府不能用简单划一模式要求农民工作出符合城镇政府意愿的决策。理性的做法是：各地方城镇政府尊重农民工在城镇化决策中的主体性与能动性地位，尽可能为其决策最优化、满意化创造条件，以实现其城镇定居与迁户的城镇化终极目标。

由此，人们提出：具有不同个体特征的农民工在城镇化决策时有着层次分化，特别是随着农民工人力资本差异化，人力资本充足的农民工在城镇化决策中有着更多的理性认知与更好的决策策略、决策结果，其实现城镇化便更加容易。

（三）结构与主体的二重化——实践中的二重化

前文已经述及，时间是吉登斯社会结构理论研究中的一个重要内容。吉登斯以时间为基础研究当代社会结构及演变，目的就是强调社会结构形成的历时性、过程性，突出一个“化”字，即结构客体与行动主体之间的互构都统一在人们的社会实践中，以达到结构与主体之间的二重化，这其实就是社会结构与个体在实践过程中的二重化。结构二重性原理作为结构化理论的关键核心①，所阐释的是社会结构具有二重性，即社会现象既不仅是社会结构也不仅是行动者个体产物，而是两者共同作用下的结果；社会的构成既不是个体行动经验，也不是既存客观实在，而是二者在时空中有序安排的社会实践。与先前个体主义与结构功能主义各自强调个体主观能动性及客体决定性不同的是，吉登斯认为结构不是完全外在于行动存在、成长的，行动主体的行动也不是独立于一定社会环境与社会结构之外存在，它们互相作用、互相影响，并统一在社会实践中构成新的社会结构，借助于社会实践过程，有力解决了行动主体与社会结构对立的社会学难题，通过社会实践这个最重要的中介与平台很好地将“微观个人行动框架”与“宏观社会结构框架”有机结合起来。正是如此，结构二重化便成为结构化理论的主题。社会结构是人们在日常实践活动中创造出来的，而人的实践活动是连续的、流动的、进而是循环往复的，因此，社会结构也具有这样的特点，即社会结构在人们的循环活动中渐渐萌芽、成长，最后形成一种新的社会结构。

农民工在追逐城镇社会时的系列实践活动，呈现出社会结构理论中的二重性特征，农民工为了融进与推动城镇社会，必须通过城镇工作、生活等各种实践得到实现。本研究将这些实践活动分为经济上、生活上、文化上和政治上的二重化。

经济上的二重化，主要指职业工作的二重化，即农民工通过具体工作岗位以获得在城镇社会立足与融入城镇社会的基础。农民工在城镇社会获得什么样的工作、工作收入与工作方式等，对于他们与城镇深入融合起着最基础性的作用。

① 安东尼·吉登斯．社会的构成[M]．李康，李猛，译．北京：生活·读书·新知三联书店，1998:89,89–20,61–62,281,526.

生活上的二重化，体现在居住生活与日常消费两个方面。农民工在城镇的居住状况即住房的自有化实现与支撑程度、住房的城区位置等，对于一个传统型农民是否具有城镇归属感有着直接影响。日常消费包括日用品消费的类别、价格与消费方式等实践，也是区分一个社会中的人结构化差异的重要指标。

文化上的二重化，指城镇文化的认同、适应与推动，即在语言、行为方式、城镇社会心态等方面实现二重化。城镇社会对于来自不同文化背景的农民工的文化包容与接纳程度以及农民工对城镇社会文化的认同度、适应度与改造度也是影响农民工进入城镇社会结构最深层的因素。

政治上的二重化，体现在城镇政治活动的参与权实现与城镇话语的表达。作为城镇社会中的一员，却长期在城镇政治实践中处于缺位状态，这是城镇社会不正常的表现。为了体现城镇社会主人翁的角色，允许或者创造农民工参与城镇政治实践，是农民工表达城镇化诉求的基本保障，也是促进他们更好融进城镇社会的政治保障。

这些实践活动对于农民工城镇社会的型构作用有着功能层次差异，经济实践是基础、文化实践是纽带、日常生活是前提、政治实践是助力，农民工通过这些实践活动适应着城镇社会结构形态，也推动着城镇社会变革以对农民工形成更具包容性的新的城镇社会。

借此，本研究认为：农民工在城镇社会成功实现经济上、生活上、文化上以及政治上的二重化，是农民工城镇化最重要的四大保障（见表 2–2）。

表 2-2　结构与主体作用下影响农民工城镇化流动意愿的因素框架结构

影响意愿框架	一级指标	二级指标	三级指标	具体衡量的内容
结构	制度	户籍制度	城镇居民	城镇居民福利的提高及普及化对农民工进城落户意愿有很强的引力
		土地制度	农村土地制度	农村土地制度改革的彻底进行将大大提升农民工城镇落户的意愿
主体	个体特征	性别	男、女	男女在性别上的差异对农民工城镇迁移落户意愿影响不是很显著。总的来说，女性比男性更倾向于在城镇落户
		年龄	大、小	年龄越小的农民工越愿意在城镇落户定居
		婚姻	已婚、未婚	未婚者在城镇居留的意愿更强烈，落户城镇的概率也越大
		家庭	举家、个体	家庭的举家迁移对于其中的成员落户城镇有直接的推动力
		教育	教育程度高低	文化程度越高者在城镇落户与定居的意愿越强

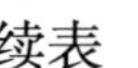

续表

影响意愿框架	一级指标	二级指标	三级指标	具体衡量的内容
		技能	技能充足、技能低下	技能高的农民工，进城落户定居的意愿总的来说强烈，但是相关性不是很大
		流动关系	单个进城、结伴进城	独自进城的农民工不如结伴进城的农民工对城镇有着更多的依恋
		务工时间	长、短	在城镇务工时间越长，定居城镇落户的意愿更强烈，但是两者相关性不是很大
结构与主体的二重化	实践中的二重化	经济实践二重化	工作种类、工作稳定性、工作待遇、工作方式、工作时间等	农民工在城镇的工作种类、工作稳定性、工作待遇、工作方式、工作时间等对农民工进城定居落户有直接的影响
		生活实践二重化	居住生活、日常消费	农民工在城镇的居住条件越是有保障越能激发他们在城镇定居落户；农民工在城镇的消费能力、消费观念、消费方式与城镇居民差异越小越愿意留城定居
		文化实践二重化	城镇文化的包容、自我文化认同	城镇文化包容性越强、农民工对城镇文化越认同、农民工与城镇居民的差异越小，农民工越愿意定居落户城镇
		政治实践二重化	社区政治参与企业工会利益表达	农民工在城镇的政治参与权越得到保障，在企业组织中越得到工会的支持，他们在城镇定居落户的意愿越强

第三章 自由幸福驱动下以“人”为中心的农村劳动力流动机理

第一节 以“人”为中心的流动背景

中国农民大规模、长时期在城乡之间往返流动，促进了中国城镇化的发展。1978 年中国城镇化率是 17.92%，2022 年达到 65.22%，年均增速 1.075 个百分点。而 1978 年中国人口总量是 9.63 亿人，2022 年人口总量则为 14.12 亿人，44 年间人口总量增加了 4.49 亿人，人口增速为每年 1.05 个百分点。其中，农村人口由 1978 年的 7.90 亿人减少到 2022 年的 4.91 亿人，城镇人口则由 1978 年的 1.72 亿人增加到 2022 年的 9.21 亿人。无论是城镇化增长的年均速度还是城镇人口增加的规模，在世界上都绝无仅有，而中国城镇化飞速发展，主要得益于中国工业化强劲推进。改革开放以来，中国工业化取得举世瞩目的成就。中国宏观经济研究院院长王昌林（2021）指出，中国工业增加值从 1952 年的 119.8 亿元增加到 2020 年的 31.3 万亿元，按不变价计算，增长超过 1000 倍，有 200 多种工业品产量位居全球第一。中国自 2010 年起，已经连续 11 年成为世界上最大的制造业国家。世界银行最新数据显示，中国制造业总产值是美国与欧盟的总和，占整个世界制造业的 30%，而且中国制造业增长趋势超过美国与欧盟。中国制造业的强劲增长态势，越来越成为驱动全球工业增长的重要引擎。其背后是中国劳动力人口红利释放的结果。中国庞大的人口队伍尤其是大量农民工纷纷涌入城镇，为城镇工业化发展提供了源源不断的劳动力支持，从而为外资引入、中国工业品生产及参与世界市场竞争提供了人力成本优势。工业生产在城镇的集聚，为农民进城提供了强大引力，而农民工进城又加速了中国城镇化进程，彼此相互促进又带来了城镇消费经济增长；城镇服务经济的兴起与繁荣，又带动了城镇化、工业化、信息化、现代化更快更高发展。在人口大流动尤其是大量农民工进城流动推进下，城镇文明与现代文明、工业文明呈现出欣欣向荣态势，中国已完全进入一个以城镇化为主导的新型社会。

就农民工个体而言，他们通过进城务工向城镇迁移。首先，他们经历了从贫困向温饱、富裕迈进的阶段，不仅他们自身因为进城获得了较高于农村的物质收入而率先摆脱了原先在农村的贫困生活状态，还将大部分收入邮寄回老家，改善了老家亲人的生存状态，也为家乡发展提供了大量资金支持。同时，他们还经历了从简单的基本生存向自我发展的转变过程。通过从闭塞、传统、散漫的农村社会进入开放、现代、规范的城市社会，他们的眼界、思维、行为方式、交往方式、消费方式都发生了翻天覆地的变化。在这个转变过程中，他们尽管经历了各种不适甚至阵痛，但是他们的生活丰富了，自我决定力量增强了，绝大多数人过上了美满幸福的生活。如果从社会流动所带来的社会结构变动来看，很多农民工不仅实现了空间上的社会流动，让自己从一个农村人转变为城里人，而且也实现了职业上的转变，从一个个挽起裤管务农的农民转换为一个个在装配流水线上或者在工地上、马路上按照一定规则行事的工人、服务人员。尤其是随着他们进城所带来的工作、收入以及人力资本等变化，他们的社会地位发生了很大改变，其中，有很大一部分农民实现了社会地位大跃升。陆学艺等根据职业的不同划分为八个阶层，农民工处于农民中的中层以上，其中，一些农民工通过自身努力，纷纷踏入上层社会。湖南的周群飞就是一个最典型的例子。30 多年来，中国产生了无数个周群飞。

周群飞是 1970 年出生的一个山村女子。20 世纪 80 年代末期，其父亲带领全家南下广东谋生。她来到深圳后，先在深圳大学旁找了份工作，白天在厂里上班，晚上去夜校学习。她学过会计，也经常帮会计贴发票、抄流水账。1990 年，她接管了自己打工所在的手表玻璃加工厂。1993 年，与亲人一起在深圳租房开启创业之路。2003 年，通过技术和设备入股的形式与他人合伙，在深圳成立了蓝思科技公司。2006 年，她回到湖南浏阳建立湖南第一家工厂，专注于手机玻璃研发生产，3 年后投产运行。2015 年，蓝思科技在中国深圳上市，周群飞成了当之无愧的“全球手机玻璃女王”“中国女首富”“湖南首富”。经过近 30 年的城镇大都市锤炼，“周群飞式”的进城农民工已全然没有了农民气息，而是成为地地道道的城里人，更是社会上层人士。周群飞的成功，给予无数进城农民工以榜样力量，让广大农民工看到了进城向上流动的希望。不过，在城镇化熏陶下向上转型发展较成功的绝大多数是一些技术型员工。他们从进厂开始就潜心钻研技术，通过几十年的学习成长而成为单位技术骨干，并且凭借管理、技术水平的提高，他们不仅跨入中产阶层，在城镇购买住房，过上城里人生活，还有一部分人进入了上层社会。

进入社会中层、上层的农民工为农村劳动力流动带来了示范效应，从而激励着身边的亲戚、朋友、老乡纷纷走向流动并在流动中提升自己，改变生存、发展的空间与方式，为个体自由幸福创造更好的条件。

结合中国农民工流动的背景及事实，课题组在解读其背后深层原因时，紧紧抓住农民工流动的本质其实就是“人”的流动这一点，解读时自始至终都遵从人的生存环境、人的能动性及人的需求，只是在建构时，将人再转换成“农民工”这么一个具有鲜明社会特色与时代特色的具体群体上来。中国农民工自改革开放之初参与进城流动至今已经40多年，他们的初心从生存需求向自我发展转变，进城步伐从盲目到主动选择，从单向外出流动到向家乡本土流动，从向大城市流动到向家乡各类城镇流动，从进城时漂泊不定到向各类城镇安居乐业。他们在城镇化现代性熏陶下，有人迅速成长起来，有些则被淘汰没落，但是，作为“人”，他们有着最本能的需求，包括生存需求、社会交往及向上流动追求自我发展的需求，只要哪里能够满足他们的人性需求，他们就不再只局限于单一的进城流动（见图3–1）。

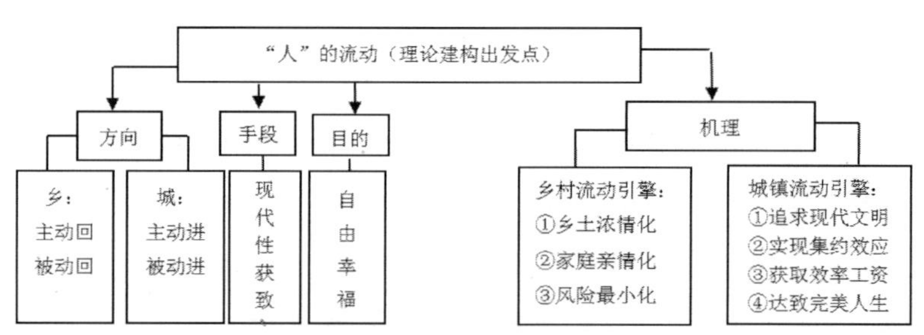

图3-1　以“人”为中心的农民工流动机理

当今，中国在城乡一体化发展下，适时推出乡村振兴战略，以增强农村居民乃至全国居民的获得感，农民包括流动的农民工也应有所获得以满足他们对自由幸福的追求（见图3–2）。

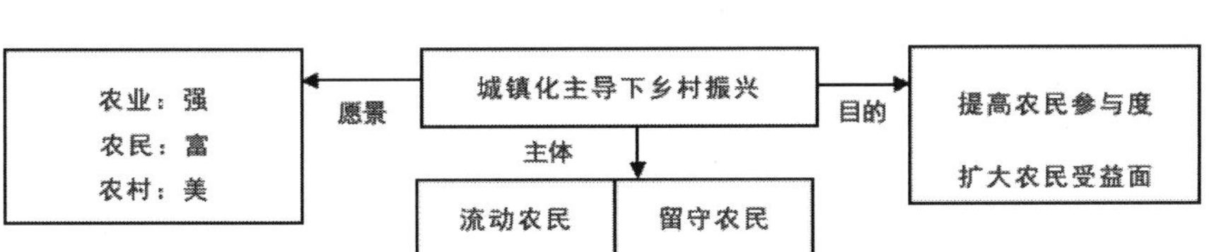

图 3-2　乡村振兴下农村劳动力流动背景

第二节　农村劳动力流动的宏观和微观实质

农村劳动力流动是中国由农业社会向工业社会、由农村社会向城镇社会、由传统社会向现代社会转变固有的社会属性，只是因为农民流动发生在中国农业社会向城镇工业社会极速转变的时代而且推动了中国城镇化、工业化、现代化卓有成效的发展，所以其流动既具有一般流动共性亦具有自身特性。陆学艺在总结中国社会转型背景下社会流动时指出，中国有两种流动方向：一种是水平流动，即变换活动内容或者工作场所，不改变社会地位；另一种是垂直流动，即人在社会流动中从一个职业或者一种地位向上向下流动，以改变目前职业状态或者社会地位。农民工经历了离土不离乡、离土又离乡、离乡又返乡的过程，其流动呈现出水平流动与垂直流动交叉最终演变为以垂直流动为主的社会流动形态，这是中国农民在中国特有发展背景下为寻求自身解放而采取的相应流动决策。农民工的流动变化既是现有社会结构特别是城镇化、工业化社会迅猛发展所形塑的结果，也推动着中国社会结构发生巨大变化，对中国社会发展产生着积极影响。

一、宏观层面

（一）要素

社会经济的高速增长，离不开各种要素的支持。农民作为一种人力资本要素，他们进城流动抑或返乡创业就业，其本质就是为了追逐自身价值的实现，只要哪里能够实现自身价值，该要素将遵循其天然功能而选择向哪里流动。除非人为阻力限制约束，而这种约束与限制最终也只是短暂的，都将被要素应有的活力所突破。1980 年，中国 GDP 总值为 4600 亿元，折合 1192 亿美元；2010 年，增加到

41.21万亿元，折合6.09万亿美元；2020年，增长到101.36万亿元，折合14.69万亿美元。可见，改革开放40多年是中国经济飞速增长的40多年，中国已经发展为一个工业体系完备、在世界经济格局中占据极为关键位置的国家，其背后是中国对各种要素流动由计划转为市场导向甚至在很多领域完全放开的历程，各个要素的活力得到充分释放，工业化从重工业向轻重工业并举发展的态势完全激活了生产要素在城乡之间的快速、高效流转。尤其是农村家庭联产承包责任制的实行，使在农村土地上沉睡了几十年的“零值劳动力”要素因为农业生产效率提高而得以释放出来，这些要素纷纷从农村流向城镇、从欠发达的中西部地区流向较发达的东部沿海地区，从效率低下的农业部门流向高效的工业部门，从资本要素集聚型的重工业流向城镇轻工业、消费服务业等劳动密集型行业。1980年，农业劳动力转移2028万人，占总农业劳动力的6.37%；而到了2007年，农业劳动力转移总量多达22795万人，占总农业劳动力的44.30%。根据陈启清的推测，按照我国2010年的农业生产率计算，如果中国农业劳动生产率达到日本水准，中国农村劳动力还有6/7的减少空间，还需向外继续转移2亿人左右，即便考虑到我国特殊实际情况，只需中国农业劳动生产率提高2倍，也可减少1.1亿农村劳动力，因此，中国农业劳动力对外转移空间仍然很大。劳动力从低生产率部门向高生产率部门转移将进一步促进社会经济的全面增长。尽管大量农民工进城所从事的都是建筑业、制造业、城镇市政维护、餐饮住宿流通、保洁保安等又脏又苦又累的体能型工作，但是他们为城镇化发展奉献了青春与血汗，为城镇社会专业化分工与生产效率提高提供了源源不断的生产要素支持。随着新的农业劳动力日趋减少以及城乡二元结构被逐渐抹平，由农村向城镇源源不断转移农村劳动力的情况越来越呈现“刘易斯拐点”。外出流动农民工增速降低而本地农民工供给增加，反映了时代转变下中国产业结构的移转与城镇化发展战略侧重的转向，社会发展方向的转变引领生产要素包括农村劳动力要素的相应转移，这是作为要素的农村劳力为寻求效率最大化、价值最大化而具有的内在功能。

（二）结构

农村劳动力转移的过程，不仅是生产要素为实现自身利益最大化而自发寻求匹配的移转过程，而且是社会结构大转型的过程。农民工从农村流向城镇，从中西部流向东部沿海地区，从农业流向工业、服务业，看起来是一种地理位置的转移，但是随着人口如此流动，农村、城镇社会结构亦发生相应变化。首先是加速了农村空心化，甚至越来越多的村庄逐渐消失。据官方统计，在2012年前的10年里，中国消失了近90万个村庄。与此同时，城镇数量越来越多，城镇规模越来越大，城镇化速度越来越快。1978年年末，全国城市共有193个，其中，及地级以上城市101个、县级市92个；2018年年末，城市数量增加到672个，其中，地级及以上城市297个、县级市375个，尤其是建制镇增长更快，从2176个增加到21297个。中国的城镇化率也快速提升，1978年还不到20%，到了2011年，首次超过50%，达到了51.3%，2022年更是高达65.22%。中国在长达40年里以年均超过1个百分点的增速发展城镇化，在世界史上绝无仅有。尽管该城镇化率是以常住人口的比重来衡量的，尽管中国的户籍城镇化率还未超过50%，与常住人口城镇化率还有很大距离，在18个百分点上下浮动，但是，由于城乡户籍已经统一转为居民户口，户籍对城乡社会的区隔功能大为弱化，如湖南、广东两省早在2002年就取消农业、非农业户口“二元制”管理模式，统称为居民户口，从而走出了打破城乡之间壁垒、还农民国民待遇身份的第一步。进城不落户的农民工尤其是新生代农民工对城镇的依赖越来越强，乡村振兴虽然也吸引了一部分农民工返乡就业创业，但是他们都是农村外出人员中的精英分子，一般在家乡县城或者较为发达的中心镇等地实现了城镇化，他们并不是真正的农村人，所以，以常住人口城镇化率来衡量中国社会结构的转变是较为客观的。中国在2012年的城镇化率达到了52.57%，与世界平均水平大体相当，到2022年，中国已经超过了世界城镇化平均水平近10个百分点。尽管中国与发达国家的城镇化水平还有很大一段距离，但是已远超发展中国家水平，是一个地地道道地以城镇化为主的社会。在中国农村劳动力实现地理位移的背后是中国农民身份的垂直移动。他们首先是职业地位的垂直移动，由农民转为城镇工人、服务业从业者；其次是收入增加带来了他们消费观念的转变，他们的社会交往也随之发生相应变化，他们中许多个体凭借进城获得的各种发展机会而进入城镇社会中的中产阶层与更上层。

农村劳动力进城转移所引发的城乡社会结构转变，有些尚处于建构之中，有些还带来了新的问题，但是，不管怎样，它们都受制于社会生产力发展形态并对社会形态产生一定型构影响，使身处其中的人们或多或少被其左右。由于城乡社会分隔的消除与城乡一体化的连通，将城乡两个世界的人联系起来，对于身处底端的乡村社会农民而言提供了一个奔向充满活力的新世界的契机，其中，会有不适应甚至有很多厌倦与抵制，但是对于绝大多数农村人而言是一个向上层社会挤进的大好时机。如果以职业为准来衡量一个社会结构中的社会地位，那么有的农民工进城成为公司、工厂里的主管、专业技术人员，与城镇职工的职业相差无几，丝毫看不出他们身上的农村乡土气息。尤其是新生代农民工，他们出生在城镇，学习生活成长在城镇，愿意学习又继承了父辈勤劳吃苦的精神，加上对不返回乡村的决绝，所以在城镇求生存与发展的意愿强大。他们通过充实人力资本与社会资本，获取到较好职业，职业地位快速提升。一般而言，刚开始，大部分新生代农民工从事一些体力性、服务性这类较低层次工作，能够进入管理、文员、个体户等具有一定独立性、综合性岗位的农民工较少。后来，通过在城镇的历练尤其是不断学习提升，他们中选择较高层次职业者大大增加。随着职业地位的改变，他们与城市职工、市民之间的差异越来越小，与城镇的融合度大大增强，他们到了三四十岁时，基本上已将自己看作地道的城里人了。与之前被户籍制度、城乡隔离所控制束缚不一样，他们获得了新的城镇市民化气息，他们可以向自己期待的城里人模样努力靠近。对于在城市的原有居民来说，他们尽管在初期对进城农民抢占他们的工作岗位，给所在城市带来了拥挤、脏乱甚至社会犯罪等各种不良影响颇为不满，但是，随着进城农民素质的提高以及其工作带给他们更多幸福与便利的时候，他们越来越包容进城农民并与之融为一体，原有的城镇社会变得越来越和谐、繁荣与幸福。所以，农民进城带来的社会结构演变也是中国社会进步的结果。只是，城镇现代文明社会结构对农民的型塑作用还远未发挥出来，还有很多进城者被城镇社会边缘化，以致有很多进城农民在城乡之间徘徊甚至退回农村。

（三）功能

根据上述观点发现，农村劳动力流动既是一种生产要素为追求自身价值最大化而呈现出的本能反映，也带动了社会结构转型升级。其实，作为发展中国家而言，要素的流动，其价值最为凸显而直接的是引发生产力与社会经济层面的变化，其次才是社会结构转变并将该结构中的价值取向、行为方式等向其中的人进行渗透甚至型塑。就经济的作用与功能而言，农村劳动力流动最为直接的是促进了生产进步、消费增长与农民工自我生存状态改变，也对区域空间发展及其平衡起到相应的促进作用。

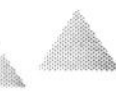

1. 生产功能

农民工进城流动对社会生产产生的作用主要从城镇工业、服务业快速发展以及农村社会土地规模化经营、农业机械化手段普遍使用、农村劳动生产率大幅提高等层面得到体现。农民工进城，为城镇工业、服务业提供了非常廉价的劳动力，为中国工业品参与国际竞争奠定了低成本人力资本基石。中国工业的竞争优势主要经历着价格优势、规模优势、创新优势三个阶段，在改革开放前期，甚至直到今天，中国工业竞争优势主要表现为价格优势，因为中国工业还处于钱纳里标准下的前工业化阶段之前的水平，还是一个欠发达农业国家，同时，劳动力人口保持在一个较高位置。改革开放以来，我国人口规模呈持续增长之势。1982 年，15~64 岁劳动年龄人口比重占到了 61.5%，到 2010 年更是高达 74.5%。特别是家庭联产承包责任制推行以来，农业生产剩余增加为农村释放剩余劳动力创造了条件，大量农村剩余劳动力纷纷进城进企，1990 年到 2010 年的 20 年间，乡镇企业就业人员从 9200 万人增加到 1.53 亿人，占所有从业人员的比重从 14% 逐步上升到 20%，而进城农民工从 1990 年的 2000 万人一跃而变成 2.42 亿人，20 年间增长了 10 倍多。充裕的劳动力与欠发达的经济层次，为中国工业生产提供了低成本人力资本竞争优势。1978 年，全国职工平均工资仅为 615 元，1990 年增加到 2140 元，按照当年美元计算，约合 447.4 美元，不仅远远低于发达国家，也显著低于印度、泰国、菲律宾、印度尼西亚等周边发展中国家。特别是进城农民工的工资水平还要低，由于大量农村劳动力在城镇流转，致使城镇各行业用工工资水平难以在短期内提升，进而为工业品在国际市场的优势发挥创造了条件。中国当时的劳动力价格水平分别只及美国、欧洲、日本的 1/50、1/40、1/35。一般来说，劳动成本低是与其较低的劳动生产率直接相关的，但是从 1999 年的对比数据可以看出，中国的劳动生产率分别是美国的 9.08%、韩国的 21.98%、墨西哥的 51.50%，而同期中国劳动力成本分别是三个国家的 3.94%、11.27% 和 35.66%。因此，综合来看，中国与美国相比，劳动力成本还是更有优势，至于与韩国、墨西哥等国家相比，其优势更为明显，中国劳动力成本低，其效率却不低。而且中国劳动力成本优势还有很大空间，即便到了今天，结合中国劳动者包括新生代农民工，由于其素质提升，生产效率也大幅提高，因此其国际竞争优势仍然存在，甚至有学者预估还会存在 20~30 年。中国制造业则凭借价格优势初露峥嵘。2004 年，中国制造业增加值为 6252.2 亿美元，仅占世界制造业增加值的 8.6%。到了

2010年，中国制造业增加值达19243.2亿美元，占世界制造业增加值的18.3%，一举超过美国成为世界第一。现在，中国制造业总产值在世界遥遥领先，超过了美国与欧盟的总和，占到了30%以上。中国制造对世界的贡献越来越大，世界对中国的依赖性越来越强，而其中一个较为突出的支撑点就是中国大量而低廉的劳动力成本优势，这为中国制造业产品在国家竞争中尽显价格优势。因此，2004年美国《商业周刊》一篇名为“China price”（中国价格）的文章指出，“中国价格”是最让美国工业界恐慌的词之一。

大量农村人口进城不仅服务着城镇居民，还为自己创造了大规模的服务空间。国家统计局公布数据显示，1978—2017年的40年间，我国服务业增加值从905亿元增长到427032亿元，年均实际增长10.5%，比GDP年均实际增速高1个百分点；服务业占GDP的比重从24.6%上升至51.6%；对国民经济增长的贡献率从28.4%上升至58.8%；服务业就业人员由4890万人增长到34872万人，年均增长5.2%。2017年年底，服务业就业人员占全部就业人员的比重为44.9%，高于第二产业16.8个百分点。到2022年，第三产业对GDP增加值的贡献再次提升，占比达到52.8%，第三产业就业占比则达到48%。反映在农民工进城就业结构上，截至2022年，农民工进城务工，一半以上在服务业就业，达到51.7%。以2022年农民工总量计算，其中有1.53亿农民工从事第三产业，几乎占全部第三产业从业人员的一半（3.59亿人）。

农民工外出，为农村社会经济发展亦提供了契机，为农业规模化经营创造了条件。由于中国人均土地规模较小，规模化效应难以实现，而农业经营要实现一定效益，须在土地规模上有所突破。部分学者根据农户外出打工的收入以及夫妻双方外出务工收入及所获得各种农业补贴为依据，来推算农户经营土地的适度规模平均大概为40亩。但是从全国来看，全国耕地面积为20.24亿亩，未来农村人均耕地为7.2亩，按照户均人口4人计算，未来农村户均占有耕地大约为28.8亩地，按照户均人口3人计算则只有21.6亩。如果达到超级发达水平，只有10%的人口为农村人口，未来农村人均耕地则为14.45亩，按照户均人口4人计算，户均耕地为57.8亩，这是上限，而这个目标在短期内很难实现。为实现土地规模化经营，必须打破目前土地经营的小农户零散状态，但是中国土地不能私自买卖，于是，那些外出务工的农民所拥有的土地要么交给自己关系较好的亲戚邻居打理要么撂荒。相对于土地带来的收益，外出收益让农民工忽略了土地价值，所以才出现那种随意处置的情况，但是即便如此，也为土地规模化经营带来了一定便利。随着国家对土地有偿流转政策的制定以及农民工在城镇生存的压力巨大，原先不在乎土地价值的农民工更是愿意将土地交出来参与规模化经营。调查结果显示，外出务工人员对土地依恋较小，愿意参与流转的比率高达70%，这是农业规模化经营的绝好契机。就全国目前耕地劳动效率看，只需2亿人。随着农业机械化程度的提高和农业生产技术的进步，农业生产能力大大提高，一定耕地面积上所需劳动力越来越少，因此，至少还可以有2亿农村劳力转移出来，再加上他们的亲属和孩子，就有4亿多人转移出来。届时，土地规模化经营将得到更大体现。

在乡村振兴战略吸引下，一些有思想、有财力、有人力资本、社会资本的农民工纷纷返乡创业就业，为当地农业生产与农村发展提供了难得的人力资源。乡村振兴最缺乏的就是精英人才，进城农民返乡创业就业，为当地城镇化发展提供了很好的契机，很多县域城镇在返乡农民工进入的情况下发展起来，从而为城乡一体化建设创造了条件。即便不回乡的农民工，由于家乡有亲人需要照顾支持，因此大量的打工汇款弥补了曾经从乡村流出的资金窟窿。这些资金虽然又以存款形式流入城市，但是至少会有很大一部分在农村使用，为乡村生产生活改观提供了大量资金支持。

2. 消费功能

消费是中国社会经济增长的“三驾马车”之一。2020年，消费对经济增长的贡献率为57.8%，拉动GDP增长3.5个百分点，连续6年成为经济增长第一拉动力。2022年，由于疫情影响，消费对中国经济贡献率只有51.7%，但仍处于第一拉动力位置。消费在中国社会经济发展中的作用凸显离不开中国工业化、城镇化的发展，离不开农村居民进城所带来的更大消费支出。农民工有望成为提振中国消费的潜在群体，原因包括以下几点。首先，农民工进城获得了比在农村高得多的收入，收入的增加直接提升了他们的消费预期。其次，受城镇消费的刺激，农民工会跟风模仿消费，这一点在新生代农民工身上的表现更明显。中国社会科学院人口与劳动经济研究所研究员王美艳利用2016年农民工消费数据对新生代农民工与老一代农民工的消费进行了比较研究发现，2016年，新生代农民工消费比老一代农民工消费多了6121元，高出26%[①]。再次，城镇居民

① 王美艳.农民工消费潜力估计——以城市居民为参照系[J].宏观经济研究,2016(2)：3–18.

的消费示范亦带动进城农民工的消费倾向，越来越多的进城农民工消费模式接近了城镇居民。有学者指出，若两者基本相同，人均消费将大增 27%，对社会经济增长的贡献更大。最后，进城农民工的消费理念与消费价值、消费习惯、消费方式等会传递到农村，影响着农村居民消费方式，间接带动农村消费经济增长。仅以农民工现有人均住房面积改观看，就可拉动 3 万亿元以上的住房需求。以 2022 年计算，中国农民人均可支配收入首次突破 2 万元，其中，农民工人均月收入 4615 元，年收入 49980 元，是农民可支配收入的 2.5 倍以上。然而，从现实情况看，农民工尽管收入远高于农村居民，其消费倾向还是受到诸多限制，平均消费倾向低于全国平均水平。农民工通常表现出较低消费欲望，其近 1/3 消费支出为房租，而剩余收入多数进入了储蓄账户。农民工人均近 5 万元的年收入只是一个平均数，很多农民工因为工作不稳定，收入存在很大不确定性，他们不敢将每月获得的收入全部消费掉，还须留足其他方面的开支，比如子女教育、结婚、养老、看病等，特别是他们在城镇的住房开支就是一个很现实但占比较大的硬性支付。国家统计局对 2022 年农民工监测调查显示，外出农民工人均居住面积 21.5 平方米，而在人口净流入较多的大城市，仅为 16.9 平方米。由于缺乏基本体面且可支付的住房，农民工攒钱买房的压力也影响其消费，他们基本上将收入储备起来而不是及时消费掉。所以，为了进一步释放农民工消费空间，加快他们的市民化进程，应让他们享受城镇公共服务保障，消除他们不敢消费之忧，这将为中国社会经济增长作出更大贡献。

3. 生存发展功能

农民进城还是返乡，首先表现为生存驱动。2012 年湖南农民工纯农村住户和城市住户的问卷调查显示，在计算包含城市务工收入、农村务农收入以及城市与农村生活成本、人员流动成本等总收入和总成本数值后，纯农村户年净收益为 6408.76 元，而家庭中一方外出一方留守的“半迁移户”的年净收益达到了 22824.36 元，由于劳动力迁移模式变化带来的户均年收益差达到了 16415.6 元。生存驱动在老一代农民工身上尤为突出。40 年前，老一代农民工只有 18~20 岁，经过了 40 年，现在已经到了退休年龄。他们当年纷纷进城，是因为在农村只能维持自己最简单的生活。改革开放对进城的放开，给了那些滞留在农业中的零值劳动力以机会，他们去城镇讨生活，只要有活干、有工资收入，哪怕工种差、工

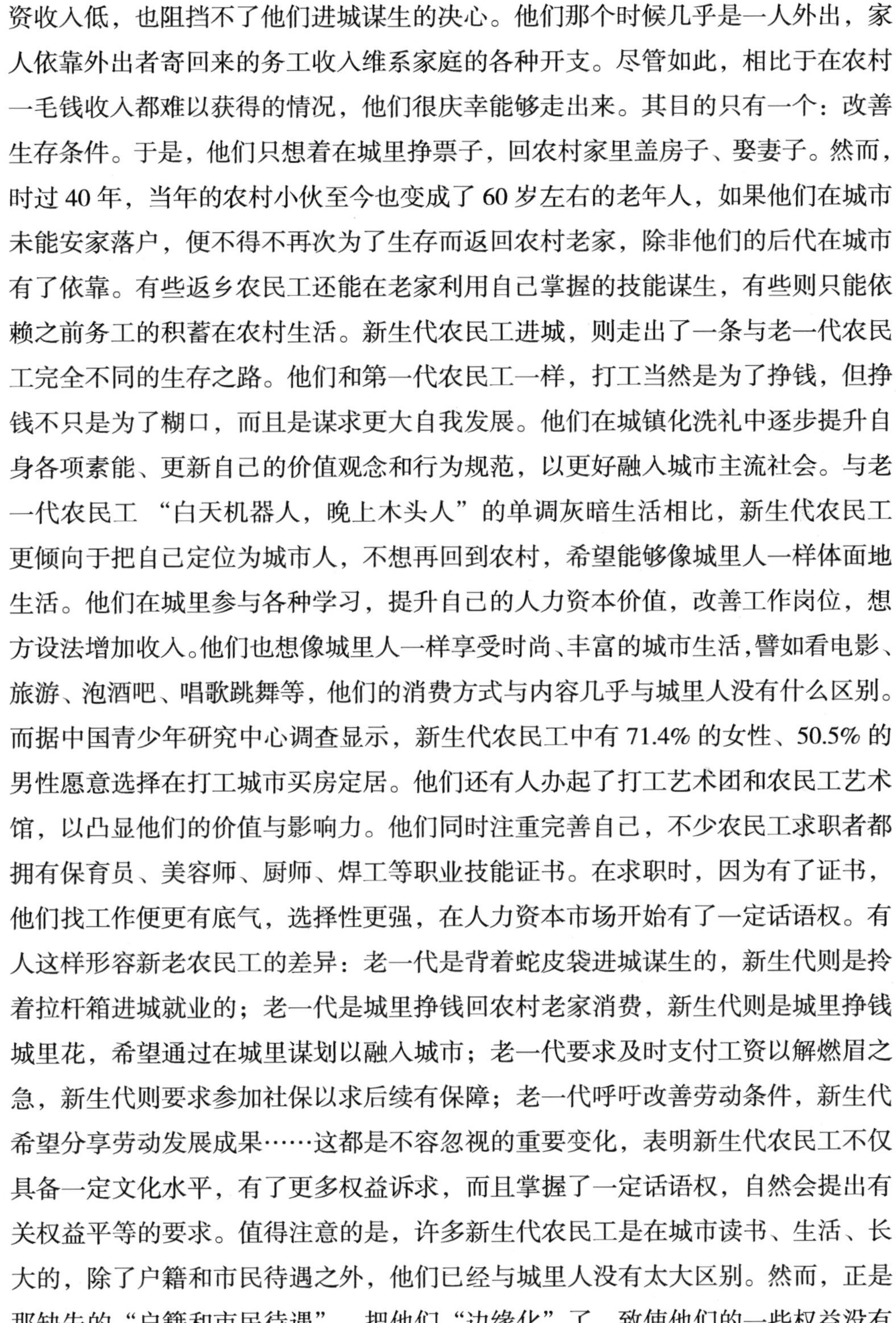

资收入低，也阻挡不了他们进城谋生的决心。他们那个时候几乎是一人外出，家人依靠外出者寄回来的务工收入维系家庭的各种开支。尽管如此，相比于在农村一毛钱收入都难以获得的情况，他们很庆幸能够走出来。其目的只有一个：改善生存条件。于是，他们只想着在城里挣票子，回农村家里盖房子、娶妻子。然而，时过 40 年，当年的农村小伙至今也变成了 60 岁左右的老年人，如果他们在城市未能安家落户，便不得不再次为了生存而返回农村老家，除非他们的后代在城市有了依靠。有些返乡农民工还能在老家利用自己掌握的技能谋生，有些则只能依赖之前务工的积蓄在农村生活。新生代农民工进城，则走出了一条与老一代农民工完全不同的生存之路。他们和第一代农民工一样，打工当然是为了挣钱，但挣钱不只是为了糊口，而且是谋求更大自我发展。他们在城镇化洗礼中逐步提升自身各项素能、更新自己的价值观念和行为规范，以更好融入城市主流社会。与老一代农民工 “白天机器人，晚上木头人”的单调灰暗生活相比，新生代农民工更倾向于把自己定位为城市人，不想再回到农村，希望能够像城里人一样体面地生活。他们在城里参与各种学习，提升自己的人力资本价值，改善工作岗位，想方设法增加收入。他们也想像城里人一样享受时尚、丰富的城市生活，譬如看电影、旅游、泡酒吧、唱歌跳舞等，他们的消费方式与内容几乎与城里人没有什么区别。而据中国青少年研究中心调查显示，新生代农民工中有 71.4% 的女性、50.5% 的男性愿意选择在打工城市买房定居。他们还有人办起了打工艺术团和农民工艺术馆，以凸显他们的价值与影响力。他们同时注重完善自己，不少农民工求职者都拥有保育员、美容师、厨师、焊工等职业技能证书。在求职时，因为有了证书，他们找工作便更有底气，选择性更强，在人力资本市场开始有了一定话语权。有人这样形容新老农民工的差异：老一代是背着蛇皮袋进城谋生的，新生代则是拎着拉杆箱进城就业的；老一代是城里挣钱回农村老家消费，新生代则是城里挣钱城里花，希望通过在城里谋划以融入城市；老一代要求及时支付工资以解燃眉之急，新生代则要求参加社保以求后续有保障；老一代呼吁改善劳动条件，新生代希望分享劳动发展成果……这都是不容忽视的重要变化，表明新生代农民工不仅具备一定文化水平，有了更多权益诉求，而且掌握了一定话语权，自然会提出有关权益平等的要求。值得注意的是，许多新生代农民工是在城市读书、生活、长大的，除了户籍和市民待遇之外，他们已经与城里人没有太大区别。然而，正是那缺失的“户籍和市民待遇”，把他们“边缘化”了，致使他们的一些权益没有得到相应保障。好在工会把他们组织起来，帮助他们在城市里找到了一个依靠，找到了“家”的感觉，这对农民工心理上、现实中的影响很大，至少是在一定程度上被城市认同。

可是，在城市生存发展最大的瓶颈是进城农民工难以解决的住房问题，这也是制约城镇化进程最大的因素。在中国人的传统观念里，哪里有房子哪里才是自己的家。其实，按照农民工的务工年限与收入状态，他们完全可以在务工地或者至少在老家城镇购房过上城里人生活。然而，由于国家对农民工购房金融支持政策的欠缺以及农民工思想观念滞后等因素影响，他们的收入跟不上城里房价，他们在城镇实现购房定居的梦想被现实阻挡着。关于房屋价格合理与否，国际上一般用房屋价格与家庭年收入之比（PIR）来衡量，其标准一般是 3~5。以 2022 年我国人均可以支配收入 3.69 万元计算。我国 75 个城市房价均价在每平方米 1 万元左右，以 100 平方米面积计算，购房就需要 100 万元，同时，加上其他税费与简易装修，又将近 20 万元。这意味着在这些城市购房定居需要 120 万元，以一家三口计算年均可支配收入，抛开其他生活开支，光住房花费就需近 11 年可支配收入才可购房，远超国际 PIR 标准。如果在一线城市与新一线城市，其房屋价格与家庭年收入之比还要高。如果没有其他途径解决住房支付问题，光依靠农民工一次性拿出那么多钱来，那么实现农民工在所在务工城市购房定居是一件极奢侈的事情。2023 年 4 月 3 日，长沙市统计局发布了长沙市 2022 年国民经济和社会发展统计公报。长沙市城镇居民人均自有现住房建筑面积为 41.7 平方米，以一家三口的住房计算，需要 125.1 平方米。而长沙市在 2022 年新房均价为每平方米 10528.67 元，意味着房价加上税费、装修开支 20 万元左右，需支付 150 万元。以长沙人均收入 5.8 万元算，房屋价格与收入比为 7.56，远高于国际标准 1.8~5.5 的合理区间。所以，农民工便纷纷选择将在外务工的绝大多数收入寄回老家建房，然后任凭其空置荒废。如果国家坚持以人为本的城镇化发展思路，让进城农民工与城镇在职职工一样享受住房优惠政策贷款支持，他们中有很大一部分人会将在农村老家建房的钱用于在城镇购房。这样，城乡频繁迁徙的候鸟现象将大幅减少，中国城镇化会有更高质量的发展，农民工在城镇生存发展的质量也将更高。

4. 区域空间平衡功能

中国是一个人口众多、地域广博的国家，区域发展向来不平衡。改革开放以后，东南沿海地区经济率先发力，吸引了中西部大量劳动力主要是农村劳动力向这些地区流动，东西部发展更加悬殊。

20世纪90年代，中国区域经济发展进一步向东部地区集中，东部地区总产值占全国比重从1992年的50.68%上升到2003年最高点59.38%；之后，从2007年开始，东部地区比重有所下降，2022年下降到51.23%的水平。中部地区总产值的增速则比东部地区要快。2022年，东部地区总产值只比上年增长2.5个百分点，而中部地区增长了4.0个百分点，中部地区与东部地区的差距有所减小。随着促进区域经济协调发展战略的实施与乡村振兴战略的提出，中西部地区获得了很大发展，东部地区在整个中国经济总量中有所下降。不过，从2022年全国各省份GDP的总量可以看出，除了中部地区的河南、湖南、湖北、安徽4个省份以及西部地区的四川排名在前十之外，其他前十省份都在东部沿海地区，而且中西部5个排名前十省份GDP加总只比广东、江苏两个省份加总多一点点（见表3-1）。

表3-1 2022年中国GDP排名前十省份

2022年排名	排名变化	省份	2022年GDP（亿元）	2022年名义同比（%）	2022年实际同比（%）
1		广东	129118.6	3.8	1.9
2		江苏	122875.6	4.7	2.8
3		山东	87435.0	5.5	3.9
4		浙江	77715.0	5.0	3.1
5		河南	61345.1	5.6	3.5
6		四川	56749.8	4.9	2.9
7		湖北	53734.9	7.4	4.3
8		福建	53109.9	7.1	4.7
9		湖南	48670.4	6.5	4.5
10	↑1	安徽	45045.0	5.8	3.5

与中国区域经济发展情况相对应的是，农民工流动亦呈现出相应流向，原先大规模向东南沿海地区流动的农民工，现在也逐渐趋向于在家乡省内甚至市内流转，外出农民工增量减少，而本地农民工总量增加。以2021年为例，虽然东部地区输入的农民工几乎是中部、西部、东北地区农民工输入的总和，但是在农民工数量增速方面，中部地区达到了5.5%，超过了东部地区2.0%的增速，反映了中部地区对农民工的吸纳力增强。农民工在全国各区域的流向，俨然成为中国区域经济发展的晴雨表。

二、微观层面

（一）手段——现代性获致

改革开放以来，我国以经济建设为中心，很多约束被放开，要素活力渐渐释放。在这样的现代化背景下，中国农民纷纷进城，经历了传统农民现代性的自觉苏醒过程，并随着城镇化进程深入，其现代性特性越来越明显。英克尔斯在20世纪60年代初提出了人的现代化理论。在他看来，人的现代化是指：他是一个积极、乐观、独立、自主、开放、有效能感的人，总结起来就是，人的现代性包含思想观念的转变，行为方式的开放性、主动性、有效性。对此，结合农民工进城，可以从以下几个方面理解农民工现代性获致的具体内涵。

首先，嗅到了城镇化发展气息的农村先觉人士率先脱离农业，从进入乡镇企业到进入城镇现代化企业、工厂、工地，这部分人士是农村中的精英分子。他们凭借自己的胆识、魄力与摆脱现状的强烈欲望进入非农领域与城镇新地方，哪怕遭遇各种阻力，他们也无所畏惧，因为他们第一次感受到了城市文明的时尚性、先进性、有效性，他们不仅开阔了眼界，丰富了思想，看到了自己美好的未来，还提升了自己的素能，获得了发展的机会，规范了自己的行为方式，提振了消费欲望，激发了自身潜能。第一批走出农村的人有很多在城里立足生存，经过几十年的城镇打拼，完全拥有了在城镇生活工作的现代性能力。在他们的带领下，身边的亲人、邻居抱着半信半疑的态度从跟随他们出来看世界、混世界到融入新世界。尤为可贵的进步是，之前单个农民进城务工是为改善自己及家人的生活而努力，后来，他们是深感城乡两边牵挂对自己精力的分散以及希望家人也能享受到城镇现代文明的美好，而带领家人加入进城行列，于是举家外迁进城的农民越来越多（见表3–2）。从单个农民工进城到全家进城，这本身代表的是一种集体的现代性观念觉醒，同时，家人进城可以节约更多生活成本，让更多人接受城镇化熏陶，尤其是借助家人集体力量增强在城镇工作生存的能力，让全家人享受更好的城市文明，这本身就是中国现代化应有之义。

表 3-2 我国农民工的流动方式

年份	成员外出		举家外出		本地	
	数量(万人)	份额(%)	数量(万人)	份额(%)	数量(万人)	份额(%)
2008	11182	49.6	2859	12.7	8501	37.7
2009	11567	50.3	2966	12.9	8445	36.8
2010	12264	50.6	3071	12.7	8888	36.7
2011	12584	49.8	3279	13.0	9415	37.2
2012	12961	49.4	3375	12.9	9925	37.8
2013	13085	48.7	3525	13.1	10284	38.2
2014	13243	48.3	3578	13.1	10574	38.6
2015	13421	48.4	3463	12.5	10863	39.2
2016	13585	48.2	3349	11.9	11237	39.9
2017	13710	47.9	3375	12.1	11467	40.0
2018	13506	46.9	3760	13.0	11570	40.1

其次，农民进城流动，其思想观念需得到率先改变。那些先进城的农民工首先需认识到城镇有比农村更多的收益与发展空间，这种认识自身就代表着一定的现代性觉醒。进入城市之后，他们在城市工作生活，又加深了他们在城乡两个世界的思想碰撞并最终被城镇化思维左右，而当农民工拥有越来越多的城镇现代性思想时，其现代性渗透也逐渐全面建立起来。而且，这些被城镇现代性思想观念所覆盖的农民工又通过自己与农村的亲人、邻居和朋友的联系而逐渐影响他们，使其思想观念转变。

再次，进城流动是工作方式、生活方式的现代性转变。“农民工”这个称谓中虽然还有“农民”二字，但是他们从事的工作几乎与“农”无关，他们大多集聚于制造业、建筑业与第三产业。进城打工的农民主要有三个流向：约 1/4 的农民工进厂成为工人，一半以上的农民工从事服务业，还有不到 1/4 的农民工成为个体工商户。也就是说，有 1/4 的农民工在现代工厂工作，其他的都从事着城市非工业。英格尔斯认为，现代工厂是培育现代性的最好场所，因为现代工厂可以提供长期的、稳定的合作，克服了投机，对未来有一定预期。另外，现代工厂有组织的活动、流程操作的规范性、结果检验的标准性、与付出相对等的收入分配性等都要求流动者去适应它。其实，不仅是在现代工厂可以培育现代性素能，只要是在比较规范的组织中都能养成一定现代性素能，无论是从事个体工商业还是从事商业流通服务，从业者都要接受一定的组织规范与制度并按照一定要求去执行，不可以像在农村务农那样随心所欲，而且，在进城农民中，有越来越多的农民工加入了各种组织以帮助他们在城镇获得更好的生存发展。2022 年农民工调查监测报告显示，在进城农民工中，34.9% 参加过所在社区组织的活动，加入工会组织的进城农民工占已就业进城农民工的比重为 16.1%，在已加入工会的农民工中，参加过工会活动的占 82.0%。所以，这些进城后被各种组织所规范支持的农民工，再称呼他们为农民工似乎有点不合时宜，尤其是农民工已经历了第一代（完全是在农村长大，有务农经历的农民工）、第二代（在农村长大，但是很少务农的农民工）、第三代（绝大多数在城市长大，对农村基本没有什么概念，对务农不感兴趣的农民工）。第一代农民工如果不能尽早在城市立足生存最后还须回归农村生活养老，说他们与农联系紧密、称之为农民工还有一定道理，但是，第二代尤其是第三代农民工，他们几乎与农不沾边，他们在城市工作的性质、工作的内容以及工作的价值，都与城镇职工没有什么不同，已不能再以农民工身份称呼他们，所以，有人称之为“产业工人”，这种称呼的转变表现了农民职业身份的现代性转型以及各种现代性职业素能的提升。在生活方式上，进城农民亦表现出与留守农民不一样的内涵。其生活方式基本与城镇同步，他们与城里人一样享受电视、冰箱、空调以及其他各种现代气息很浓的生活用品，第二代、第三代农民工的消费观念更加超前，与城镇居民几乎无二，看电影、旅游、喝下午茶、健身、养生等消费方式都成为他们的生活日常。在交往方式上，农民工已经从熟人社会慢慢融入陌生人社会，交往圈子的扩大，对其工作、生活乃至思想都产生极为深远的影响。

最后，农民工自我发展理念亦发生了相应转变。第一代农民工为了生存、为了追求美好生活而进城，他们认为自身存在一定价值，在农村无法施展，而进城则可以挖掘自己潜能。如果说这一代人的进城发展简单等同于基本生存的话，对于第二代、第三代农民工而言，则是为了追求发展，他们不满足于在城市生存，而是希望在城市立足并谋求实现自我价值，于是，他们利用在城市务工空余的时间参加各种培训以提升人力资本、扩充社会资本；而且，他们在城市中边干边学，无论是寻找新的工作岗位还是从事个体工商业，他们都有了在城市立足发展的平台，并可通过自己的努力实现向上流动可能。

理解农民工进城获致现代性手段时，所有的结果均体现在收入提升上。农民工从农村进入城市是为了追求高收入，从一个岗位换到另一个岗位，也是为了获得更高收入，其高收入背后是其城镇现代性素能提升的支持，缺乏现代性素质，不仅难以获得高收入，更无法像城里人一样在城镇立足。城镇高收入既是农民工

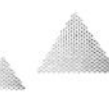

进城的推动力，也是其现代性综合素质的体现，更是他们在城镇获得更多现代性素能的基础与支撑。毕竟，有了高收入，才可以在城镇享受更好的居住环境、高端的消费生活，才可以进入更高级的社交场所、结交更优质的圈群，才会有更多时间维持身体健康与行动抉择。

（二）目的——自由幸福

农民进城流动，是对人自身的一种投资，他们快速融入城市，增长了见识，转变了思想观念，找到了新的工作，获得了新的技能，增加了收入，丰富了生活方式，拓展了社交圈层，与在农村时相比大相径庭，而这一切变化正是他们所期盼的结果，正是因为有了城市各种资本的加持，他们自由发展的空间大大拓展，自我选择能力包括流动能力大大增强，幸福感亦大大提升。马克思强调说，个人的自由解放是一个建立在生产实践之上的历史过程。人们有了现实基础，就可以自由追求自己的理想。特别是年轻的农民工，他们有文化、有追求、有父辈为他们积累的资本，所以他们有更多发展性需求，比较注重知识技能储备、拓展以及事业成功。对未来有很好的规划，开放进取、自主意识强、追求自由个性是他们生存心态的主流。

但是，目前农民工进城或返乡创业就业面临太多困惑，他们的收入提高与个体的自由幸福感知存在负相关，呈现出所谓的“伊斯特林悖论”[①]。幸福与财富、收入并不能画等号。在城乡现实差距客观存在的情况下，进城农民的获得感虽相比农村留守农民有了很大提升，但相比城镇原居民仍有很大差距。从他们在城镇待不下去再回到农村然后又从农村重返城镇的频繁往返流动可以看出，“乡村留不住灵魂，城市安不下肉身”，正是他们在追求自由幸福道路上的尴尬写照，也彰显了中国在城镇化道路上所走的以土地城镇化为主向以人为主的城镇化道路转变的现实紧迫性。土地城镇化道路将很多进城农民挡在城镇门外，让他们进得了城但容不下身，其中，最大障碍是高昂的住房成本。在进城农民工中，购买住房者占了近两成，绝大部分所购为商品房，大部分农民工选择在务工地租房居住，占比为 61.3%；还有部分农民工是单位或雇主提供住处，也有部分人可以享受保障性住房与公租房。虽然农民工的住房条件有了很大改善，但是他们在务工地城市自购住房的很少，绝大多数居住在租房与单位提供的简易房间。前文提及的近两成自购商品房数据存在很大水分，因为这些商品房大多是在农民工老家市、县、

① 王艳萍．幸福经济学研究新进展 [J]. 经济学动态， 2017(10):128–144.

镇，而且空置率很高。正如前文所说，以务工地房价与收入比为标准，要在务工地实现自购住房梦想很难，而且每月固定的物业费对于工作收入不稳定的农民工而言亦是很大一笔开支，再加上进城农民工在子女教育、医疗保障、养老支持等方面与城镇居民存在巨大差异，以致他们在现实面前确实难以有太多幸福感知。然而，相比于在农村无法安放自身灵魂而言，进城又是他们的最佳选择。在这里，他们可以接受新鲜事物，提升自身人力资本，获得更多发展机会，而在农村，尽管没有住房生活方面的压力，但是看着空荡荡的乡村，经营着没有多少收益的农业，一年到头存不了几个钱，更谈不上梦想与追求。乡村振兴战略的提出，让乡村有了更多现代性气息与发展机会，为那些有着乡土情怀的农民工从城镇返回乡村去追求幸福梦想提供了可能。这些年，家乡的变化吸引了很多外出务工人员回乡，他们不是逃离城镇而是为了更好生活所作出的主动选择，正如当年农村条件差而不得不选择进城一样，回乡也需要胆量与能力，不是说你想回就回。因此，随着现代文明在城乡迅速覆盖，农民工在城乡之间的流动迁移显示着现代性觉醒的农民工对自由幸福追逐的痕迹，无论是输出地政府还是输入地政府都要以满足人民群众对美好生活向往的期盼来对待农民工的城乡流动，全面配置与激活他们的生产要素，促成他们早日实现自由幸福生活的梦想。

第三节　农村劳动力流动趋向及其内在决定机理

流动是人的自然属性，任何国家与社会对于人的流动不应阻止、限制，而是要想方设法扫除障碍促其流动并在流动，中全面发挥流动者价值。正如流水一样，只能疏通而不能阻挡，最后再充分发挥水流价值。农民工进城流动或在城镇打拼几年甚至几十年之后向乡村流动，这是他们作为一种生产要素必须遵循效益最大化而作出的自然选择。从效益低的地方、领域、部门向收益高的地方、领域、部门流动是要素的天然属性，任何国家、组织只能尊重并支持以实现整个社会资本、要素效益最大化，以此创造更大福祉。农民工在流动之前被捆绑在农村，其利用效率低下，而当城镇工业、第三产业能为他们敞开大门时，他们便纷纷踏入城镇，进入各种公司、工厂，在这里他们获得了更高收入，前所未有地感到了付出就有相应回报的痛快以及凭此而过上比农村更好生活的幸福感；而且，他们在城镇各种正规化组织里获得了更多现代性素能，为他们更

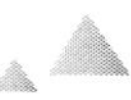

好付出、更多获得创造了条件，看到了希望，于是一些学习能力强的人在城镇立足。还有一些对乡村发展有一定情怀的进城者凭借自己在城镇所获得的资金、人脉与各种经营素能返乡创业就业，为乡村振兴发展奉献力量，这是一种超过要素价值理性最大化的流动；亦有一部分进城者因为在城镇洗礼熏陶下被逐渐淘汰而难以适应在城镇现代性组织中生存发展，于是再次选择回归，这也是要素配置的结果。

农民工进城或返乡流动，除了跟其他要素流动一样追求经济利益最大化回报之外，还有着更多人性本质。而人的本性究竟如何，又离不开相应的具体情境。换句话说，农民工不管选择进城还是回归乡村，都是在综合了各种具体情境之后所作出的利益最大化理性决策。各级政府与组织亦不应人为阻滞、限制，而应引导、支持与容纳、利用，以促其获得更大幸福。

一、村镇流动引擎

（一）乡土浓情化

中国是一个有着悠久农业传统的国家，农民对土地有着极为深厚的依赖与情感，特别是那些在土地上耕种谋生的农民，即便有机会进城获得比务农高得多的收益，他们也无法割舍对土地的眷恋情怀。“乡土”是中国文化中一个最为核心的传统底色，更是中国农民的最后依靠底色。费孝通曾在《乡土中国》里写道：“我初次出国时，我的奶妈就偷偷把一包用红纸裹着的东西，塞在我箱子底下。想家时，可以把红纸包裹着的东西煮一点汤吃。这是一包灶上的泥土。”[①] 当农民进城或者离开家乡远赴其他地方谋生发展时，乡土为他们提供了家乡最踏实的护佑力量，在外越是成功越会思念故乡，荣归故里是那些离开家乡者梦寐以求的至高境界。如果在外地混不下去了，回家也是最佳的选择，在外地容不下自己时，感到被歧视被淘汰时，家乡则给了他们最大包容。至少，在老家还可以同大自然一样自然生长、自然消失，不会受到太多人为打击与毁灭。正如《十八洞村》电影里所描述的那样，即使远离家乡千里，总有一根细细的绳子牵着你。当你在外面闯荡时困了、累了、受伤了，还有一个地方能让你安然地舔舐伤口，踏实入睡。电影中的杨懒，原本已经算是闯荡成功，但是出了意外后，第一个念头就是回到家乡，回到这片热土。在这里，大家自然平和地生产生活，互相帮助，谁家有好

① 费孝通 . 乡土中国 [M]. 天津：天津人民出版社 ,2022.

吃的大家一起分享，谁家有困难大家便互相搭一把手，没有在城镇那种陌生、势利与相互的钩心斗角，大家友善和谐单纯美好，即使一年到头分文不存，也感到自然舒坦。当然，由工业化与城镇化引发的大规模进城流动在这些淳朴的农民身上深深烙下了城镇化与工业化痕迹，于是，他们在作出流动选择时自然有了折中策略，即以前趋向于跨省长距离流动，现在则一般会选择本省本市甚至本县本镇流动。在他们的骨子里，选择家乡本土流动是一种家乡眷恋情怀的流露。同时，即便他们从外出大城市返回，不愿在农村回归，至少也愿意在离自己老家不远的地级市、县城、中心镇等地方购房定居，因为这些地方虽然不及务工地那么繁荣便利，工作机会也不多，但是它们几乎具有城镇所有的功能，而进城回归的农民工已经适应了城镇生活。加之家乡的发展以县域城镇为中心承接了大量转移的产业，尤其随着一些平台经济的介入，在一定程度上抹平了地域限制，使当地工作机会大增。能够在家门口找到工作是大多数返乡农民工最欣喜之事，他们能够在家乡就业，为何还要背井离乡？家乡是一个承载了深厚情怀的空间，在这里，除非无法生存下去才会选择离开。

（二）家庭亲情化

家是一个令人魂牵梦绕的地方，在这里，不仅有生存的最可靠依赖——土地，还有浓浓的亲情，如果一个人没有了亲情，那么，他至少也丧失了人性，不能称之为合乎正规的人。爱卡尔（Akcal A.,2004）认为，从地方依恋感和归属感出发，家是人类存在的最显著和最中心的焦点，并且人们认为在当今复杂的城市社会生活中，家的重要性愈加明显。所以，不管远离家乡时间多久、距离多大，特别是独自离开亲人外出打拼的人，他们都无法割舍对家乡亲人的牵挂与思念。其实，对家乡的思念与眷恋，更多表现为对那片土地上亲人与左邻右舍的牵挂。刘强东当年离村外出学习时，全村人给他送鸡蛋、送钱、送其他物品，给了他强大动力，学成之后他便慷慨地回报乡邻。在外务工，人们不管是成功还是未成功，都会想念老家的父母、妻子或丈夫尤其是孩子，甚至邻里朋友。当农民工在外打工几十年，从一个年轻不懂事的青少年渐渐成为一个中年人时，他们的父母也渐渐老了、行动不方便了，有一些农民工便选择放弃城镇工作，回家照顾老人。笔者老家院落里就有一个典型例子，男主人是笔者小学同学，现年 52 岁，他从 2016 年开始从务工 30 多年的城市返乡，独自一人在家照顾老人，直到现在仍寸步不离，他

的两个子女与妻子都很支持，在年底时才回家团聚。中国有一大批进城农民工回到家乡，就是为了尽到骨子里的那份亲情。他们在四五十岁时，正是工作技能、赚钱能力最强的时候，为了亲情，他们不得不放弃城里的固定工作与相应收入，这是中国人亲情不可割舍的表现，是中国孝道文化深厚的表现，正是因为他们一代代传承着这样的孝道文化，给中国亲情贴上了鲜明的返乡引力标签。要是能在家乡就近找到工作，使照顾老人、维系亲情与赚取收益兼顾，那是较好结局，也有利于解决农村养老问题。另外吸引进城农民工回家的重要引力是陪伴留守儿童。尽管中国留守儿童数量在逐年下降，但是至今还有几百万留守在农村老家，他们不能在父母务工地城镇生活、学习，一般只能跟随家乡的爷爷奶奶生活。随着孩子渐渐长大，爷爷奶奶们无法照顾他们，他们也滋生了不少恶习，虽令在外的父母感到很头疼，但是又没有条件将他们带到身边照顾，于是，外出的父亲或母亲一般是母亲或者父母双方一起回家，以便能够照顾好孩子。丁某是一个9岁男孩，独生子，受访时已经在老家附近小学上三年级。他父亲之前在东莞打工，现在苏州务工，母亲现在在家专心陪伴他学习。丁某出生在东莞，在东莞上完一年级后回老家上小学二年级。在他读二年级时，老师给丁父打电话说，你们那个儿子我管不了，你们回来陪他读吧。于是，丁母回老家看管孩子了。像这类回家照看孩子的外出务工者很多，其中，能力稍微强一点的农民工往往在县城或者中心镇购房或租房陪读，只有极少数农民工选择回农村老家照看孩子。

自然，能够将全家老少都带出去进城工作生活，是最理想的进城与亲情兼顾模式。目前，家庭整体城镇化越来越成为一种趋势，举家外迁者越来越多。这样，不仅可以照顾老人还能照顾孩子，一家人每天都在一起，亲情得以满足。而像前文所述及的两个例子，为了亲情则不得不作出个体自我利益牺牲，这也是中国人的一种文化底色，如果一个人连自己家人都不能很好照顾与眷恋，那么即便他在外混得再好，也是中国文化不可取的事情。彰显进城者对亲情重视的还包括那些返乡创业者对创业地点的选择上，他们一般会选择在自己老家附近创业。外出者返乡创业主要是因为熟悉那片土地，与左邻右舍有着深厚感情，能够与他们进行友好交往，能得到家乡亲情的护佑。说着同样的俚语，彼此亲切地交谈、相处，少了在外被吃生的隔离感，而且面对亲人，心里多了一份信任与友善，在经济往来中不会过于计较。一旦创业成功，再反哺乡邻，那也是一种自我价值被认可、被尊重的自然之举，看到自己为家乡变化所作的贡献，心里油然而生一种自我价值实现的满足感。

（三）风险最小化

进城，有巨大的吸引力。高额的收益、时尚的消费方式、超前的思维、开放的人际交往、无限的发展机会等，吸引着一批又一批农民工向城镇流动，但是风险与吸引力并存，尤其是对这些人力资本、社会资本匮乏的农民工来说，他们在城镇遭遇的风险更大。工作低微、收入不稳定、工作环境恶劣、房价高昂、生活环境糟糕、无法得到教育、医疗养老保障欠缺等，令他们在各种风险面前显得很脆弱，于是，他们为了抗衡这些风险，常常通过老乡带老乡的方式进城进厂进企业，在城镇工作遇到问题只向老乡咨询请教，在生活中碰到麻烦一般也是向老乡寻求解决之策。他们一般有固定的老乡圈子，以应对老乡们在务工地的各种囧事。在城市生活中，除家人外，进城农民工业余时间人际交往最多的是老乡。在工作中，通过老乡之间的联络形成非正式关系，对于农民工具有重要意义，他们不仅可以获得相关工作信息，还能形成一定的集体力量以对抗外在风险。在生活中，农民工基本居住在一起，互相照顾，以至在务工地城市都存在各种“××村”，这是他们在将农村熟人交往规则搬到城镇陌生环境以使风险最小化的一种本能应对之策。

返乡，则可直接降低在城镇所遭遇的各种风险。在家乡，大家都是熟人圈子，一家人的事就是大家的事，家里有事，邻里都会主动来帮忙。比如，夫妻吵架、家中操办红白喜事、孩子上学、物品互借等没有人会袖手旁观，这是在乡村最舒服的人际相处。就生活开支来说，乡村开支远比城镇小得多。首先，表现为城乡房价的巨大差异。乡村房价几乎不值钱，哪怕是别墅，放在市场中也不值钱，除非是大都市郊区的房子。其次，商品房就算买得起，每月得按时缴纳物业费，不管你住不住人，而在农村，这笔开支就省了。再次，水费也是可以节省的一笔大费用。乡村虽然开通了自来水，但是其收费标准比城市低很多。况且，还有很多农村地区的水可以免费接回家。最后，吃穿也没有城市那么讲究。有些有一定实力的农民工在回乡之际都选择老家县城、中心镇或者地级市，这些地方虽然免不了物业水费等开支，但是由于左邻右舍都是乡里乡邻，彼此没有了大城市那样人与人之间的陌生、提防感，彼此感觉很亲切，交往起来很随意，生活也很便利。这些地方虽然没有大都市的繁华，但是也具备一定的城镇功能，对于这些在城镇务工一辈子的农民工而言，也能满足他们对城镇的基本需求。尤其是这些城镇的住房开支比务工地住房开支少得多。如果以北上广为例，那里的房价平均每平方米要 5 万元左右，而在老家每平方米只需 2000 元或者 3000 元，相差 16 倍左右，就是与老家省会的住房价格相比也要相差 5~8 倍。以前，绝大部分老一代农民工过着在务工地打工赚钱、在老家农村建房消费的日子，而新生代农民工则在打工地赚钱回老家城镇购房娶媳妇。他们不愿意回乡村，但是在务工地又承担不了高昂的住房等开支，于是，回老家市、县、中心镇等有着相当城镇功能的地方定居生活工作是一种规避风险最合适的途径。为此，各输出地政府纷纷推出一系列优惠政策鼓励外出务工者在本地城镇购房定居，就是看到了农民工的这种返乡城镇化潜在需求。通过吸纳务工农民工回家购房定居以提振人气，为本地发展提供人力资本与消费资本，是推动当地社会发展的有效途径，因为不管是哪里的城镇化还是乡村振兴，如果没有了人的主动投入、没有人的消费服务，一切都是空谈。因此，这些年农民工进城数量总量在增加，但外出流向发生了很大改变。2022 年农民工监测报告显示，2022 年农民工供给总量比 2021 年增加了 311 万人，东中西部地区农民工输出总量都有增加，但是输入总量增加数以中西部地区为多，表明中西部地区就地城镇务工流动的倾向在增强。由此，东部地区与中西部地区的抢人之战变得火热起来。以前，中西部地区以劳务输出为主的政策现在转为以如何吸引输入为主，这种抢人之战不仅是发生在中西部地区一些省会、副省会城市，还发生在很多地级市、县城甚至中心镇。这些地方放宽了落户门槛甚至不要门槛，只要进城购房定居就给户口，还通过系列优惠购房政策以吸引当地农民工进城购房。相比于在农村的农民，进城农民工回家乡购房的愿望与能力要强烈很多，在老家花上二三十万元买一套住房，就可以享受所在地城镇生活，而这些钱对于稍微有一定能力的外出务工者来说是完全可以承受得了的。很多地方政府还通过住房公积金、发放住房补贴以吸引农民工在当地购房定居工作生活。譬如，湖南省住建厅与中国农业银行湖南省分行推出“农民安家贷”专项产品支持农民进城购房。湖南省住建厅深入推进住房公积金归集扩面工作，逐步将农民工和个体工商户均纳入住房公积金制度覆盖范围，为农民工在本地市民化创造条件。在湖南住建厅的工作推进下，株洲、湘潭、常德等地纷纷探索将公积金制度向农民工推广实践。2022 年，湖南石门县因为号召大家多买房以扶持当地房地产工作而备受关注。其实，其背后揭示的是中西部地区争取人口流入的现实。2009 年，石门县户籍人口有69万人，到了2020年，只剩56万人，11年间人口减少了19%。没有了人，当地谈何发展？生产要人、开发要人、消费要人，处处要人，而原有的人纷纷流失。如何挽留并增加当地居民是对当地政府执政的大考。当时，为了配合买房政策，该县也下足了功夫：在需求侧，居民购买新房，政府补贴所交契税50%；购买公寓，可以持证申请民用水电价格标准；提高住房公积金贷款额度，同时交房即交证。在供给端，针对开发商的支持同样"给力"，拍地保证金从30%下浮到10%，土地挂牌交易服务费下浮40%，加快办理相关审批手续，包括新出让居住用地中商业建筑面积下限也一并取消。这只是中西部地区众多地方政府在"抢人"方面所表现出的一个小小的缩影。原先，民工荒还只发生在沿海地区，现在，随着抢人大战在全国各地展开，民工荒开始向中西部省会城市、地级市、县城等地蔓延。以前有人说，民工荒只是中国产业结构升级而民工技能低下无法胜任所导致的结果，但是，现在就是一些不需要多少技能的岗位也缺人，这说明中国劳动力供给的趋势现已发生了改变，即人们所诟病的"刘易斯拐点"真真切切地来了。输出地政府在推进本地城镇化发展时应该看到农民工返乡定居本地城镇的潜在需求，通过产业招商引入以及优惠购房定居政策，将更多外出务工者吸入本地城镇。回归家乡特别是回归家乡的城镇，是外出跨省务工农民规避所在地城市风险的较好途径，加之家乡建设日渐美好、工作岗位日渐增多，更是吸引了越来越多外出的人选择在家乡就业定居。这对于政府而言，就是吸纳了人气，振兴了当地产业，推动了社会全面发展，是政府与流动者双赢的事情。

二、城镇流动引擎

（一）追求现代文明

在人类文明演进史上，城市承载着美好的希望，是诞生奇迹之地，也是富裕、宜居之地。城市文明更多代表了现代文明，代表了科技进步，那里有庞大的建筑、整洁的街道、便捷的生活、功能齐全的区划……这些都是人们所追求的美好生活的样子。城里有大量的人流、资源与机会，对人们开放包容，只要你足够优秀上进，就可以实现向上流动。城市化是人类社会发展进步的主要指标，追求城市生活亦是体现人类进步的主要标志。更重要的是，城市文明建设不仅惠及城市本身，也惠及农村。前已述及，城市文明是科技文明的代表，科技进步与发展创造了更为丰富的物质资源，物质的丰富也使农村摆脱了日日耕作的状态，让村民有更多

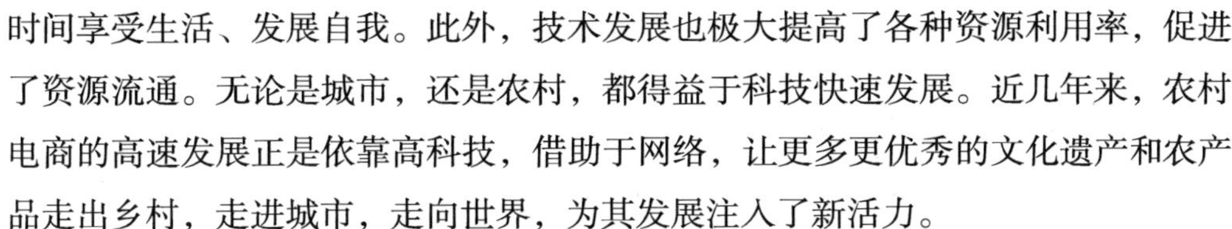

时间享受生活、发展自我。此外，技术发展也极大提高了各种资源利用率，促进了资源流通。无论是城市，还是农村，都得益于科技快速发展。近几年来，农村电商的高速发展正是依靠高科技，借助于网络，让更多更优秀的文化遗产和农产品走出乡村，走进城市，走向世界，为其发展注入了新活力。

乡村文明也是一种生存状态，它代表着乡村各种文化的聚集，呈现出鲜明的地域特征。首先，它更多是一种自然文明。乡村生存离不开自然馈赠，缺乏了自然的慰藉，生长于此的生灵无法继续。农民工之所以选择进城，是因为在贫瘠土地上难以获得生存所需的最基本物质，更谈不上获得发展资本。其次，它是以农业为基础的文明。农业不仅是农村人生存的基础，也是城里人生存的基础，为获得城镇化快速发展，必须推进乡村农业发展。党的十一届三中全会之后，农村家庭联产承包责任制的实施，一下子释放了农民的生产潜力而为城镇发展提供了源源不断的粮食等物质支持，亦为农民进城提供了生存保障。再次，乡村文明是一种简略文明。乡村职业分层较简单，哪怕是有一定层次分化的乡镇企业组织内部也较少层次分化，而且人们相处简单，竞争性与向上流动的欲望不强烈，生活在此的人们，一边享受着大自然的馈赠，一边悠闲慵懒地活着，没有太多钩心斗角，没有太多利益计较，没有太多压力，没有太多干扰。最后，乡村文明是一种熟人文明。人们彼此知根知底，各自所了解的信息比较透明，异质性不大，难以获得更多有扩充价值的信息。

在城镇文明未能向乡村延伸之前，生存在乡村社会的人们原始本能地生活着，他们不愿也无能力流动，日出而作，日落而息，缺乏向上向美的机会与动力追求。然而，自城镇文明向乡村渗透蔓延特别是广大农民工怀揣着种种不安来到城市，他们被城里各种陌生事物所吸引，在好奇、惊叹中渐渐获取并体会到城镇文明的先进与舒适，于是，他们想方设法向城市靠拢。

城市文明与乡村文明都是一种生活状态，还未体会到现代城市文明的乡村人自然会通过简单对比而被其深深吸引。当他们背井离乡来到陌生城市时，他们的内心怀着对城市现代气息的向往才作出迁移流动决策，其背后直接诠释了对美好生活的追求与对自我价值实现的渴望。人，既是原始的，也是能动的，有着本能的生理需求，也有着更高的自我价值实现需求。在农村，低效的工作环境、匮乏的生活物资、彼此差异较小的邻里亲人、闭塞的眼界等，都决定着人们只能本能地活着，而在充满现代气息的城市社会，人们可以获得各种信息，掌握先进的技术与现代化设备，征服自然、改造自我的能力大大增强，人们凭借在城市所获得的现代性素能而享受着城市现代文明与对乡村文明改造的畅快。

（二）实现集约效应

城市因为人口要素等资源集聚而获得了可观集约效应，具体表现在经济、文化、生态、教育、医疗等方面的功能越来越强大，从而对外吸引力更加明显，集约效应更突出。

城市最大的集约效应表现在经济层面。城是因“市”而成“城”，要成为一定的“市”，须有相应的人口，包括生产人口（为了便于产品生产要素的获得与销售）、消费人口以及固定的越来越凸显集市交易效果的市场场所，现在称为各种城市综合体。在市的发展基础上，城便相应建立并得以扩大，其中，推动城的建立与扩大的是城市工业经济的发展。因为工业生产的发展与分工深入，极大地吸引着更多要素包括人口、物质、资金等资源不断向此集聚。改革开放之初，大量乡镇企业兴起，吸引了很多农村富余劳动力进入企业工作。中国乡镇企业在最辉煌的时候，其工业产值占全国工业产值的一半，占中国GDP的30%，解决了近1.3亿人就业。然而，乡镇企业受地理位置、要素集聚、成本利润等各方面局限，加之中国城市民营经济兴起，致使它们纷纷从乡镇撤出进入城市。城镇工业生产因为规模化、规范化、流程化而具有更高效率与利润，因而，不仅生产出能满足社会需求的更多物品，还能以更高利润分配吸引着更多廉价要素向此集聚，其中，就包括来自农村的劳动力。而随着人口集聚，第三产业兴起，进而促进了城市社会专业化分工。分工越发达，该社会效率越高，城市越富有，对人口等要素的吸引力更强，在人口大规模集聚的基础上，各种商业综合体也蓬勃发展起来。2010年到2020年的10年间，是中国工业飞速发展的黄金时期。自2010年以来，中国制造业已连续11年位居世界第一。2022年，中国制造业总产值增加到40万亿元，占全球比重的27%，是美国与欧盟的总和。中国工业体系完备，是世界上工业体系最为健全的国家，在500种主要工业产品中，40%以上的产品产量连续多年位居世界第一。与中国工业快速发展相对应的是，该时期也是中国城市人口吸引力最强的时期。2011年中国城镇化率首次突破50%，达到51.3%，2020年中国城镇化率更是高达63.9%，以至很多城市产业发展均发生了明显结构转型，即由以工业化发展为主转向工业化、服务业、商业化并举甚至向消费型城市转变的经济发展态势。于是，各地城市政府纷纷以吸引外地人口、留住本地人口为工作导向，城市经济亦由工业经济为主向工业经济、消费经济并举转变，甚至出现以消费服务、商业服务为主的城市经济。综观这些城市经济的兴衰，始终围绕人而发生，以集约化实现效果为主导，集约性越强，该市经济发展越好，对人的吸引力越高，进而又促进城市经济发展；反之，吸引力越差，城市发展越走下坡路。

教育、医疗方面，城市有着优质的资源而对外来人口具有强大吸引力，尤其是在中国教育、医疗保障未能均衡化发展的今天，很多在农村或者小城市的居民都愿意向大城市集聚，主要就是因为这里集聚了其他地区所无法比拟的优质教育、医疗资源。以湖南长沙为例，湖南共有 70 多家三甲医院，仅长沙就占 21 家，占比达到近 30%，而长沙常住人口只占全省的 15.12%。再以教育为例，湖南推出强省会发展战略，而实施该战略的一个重大突破点就是强省会教育。长沙市的义务教育均衡发展也走在了全国前列，目前义务教育学段优质学校覆盖率已达到 75%。近年来，长沙外来学生每年约以 1 万人的速度增加，外来学生占长沙城区义务教育阶段学生总数近 1/3。随着教育的引力增强，人口集聚也在积极发生。

生态环境方面，城市人口、工业生产大规模集聚，致使生态治理面临很大压力，但是人口集聚所带来的各种财税收入支持，也使市政环境建设具有了良好资金支持，因而，城市在生态规划与治理方面亦具有人均规模效益，市容随着规模扩大而具有良好生态效果，进而，又吸纳更多人口集聚于此，以享受城市特别是大城市优质的生态宜居环境。以长沙为例，通过污水处理厂、垃圾处理站等建设，加强城市环境治理，再通过绿化建设，将长沙打造成绿色宜居城市。截至 2021 年年末，长沙市人均公园绿地面积为 12.5 平方米，比上年增加 0.85 平方米；2021 年长沙市拥有公园 90 个，比上年增加 46 个，增幅为 104.55%，其中门票免费公园占 96.67%。根据《长沙市城市绿地系统规划 (2021—2035)》，至 2035 年，长沙建成区绿地率达到 40% 以上，绿化覆盖率达到 43% 以上，公园绿地服务半径覆盖率达到 90% 以上。长沙自被评为中国最具幸福城市以来，截至 2022 年，已经连续 15 年上榜，其中，生态宜居是最主要的支撑点之一。

综上所述，随着各种城市功能集约化发展，城市吸纳力变得越来越强，人口集聚更明显。在中国目前的城镇化发展规律中发现，中国的城市规模越大，其集约化效率越突出，对人口吸引力越强。

（三）获取效率工资

从人力资本理论视角分析，农民工进城流动也是一种人力资本投资与增值的过程。通过流动，农民工不仅增长了见识、提升了素能，而且获得了比在流动之前更多更直观的工资收益。城乡收入差距是吸引农村人口向城镇转移的最直观动力。随着农民进城，农民工务工收入增加，我国城乡居民收入差距有所缩小。根据国家统计局数据，2022 年城乡居民人均可支配收入之比为 2.45（农村居民收入 =1），比 2012 年下降 0.43，城乡居民收入相对差距持续缩小。但是，与一些发达国家相比，其差距还是很大的。国际劳工组织数据显示，多数国家城乡人均收入比都小于 1.6，而且比利时、英国、德国和荷兰等国家城乡居民收入比还小于 1。相对巨大的城乡收入差距，吸引着农民往城镇流动。他们为了增加收入，为了摆脱农村穷苦的日子以让家人包括自己过上更好的生活，无论在城镇有多无奈，哪怕干最重最累的活、吃最差的伙食、住最简陋的工棚，他们都会坚持下去。毕竟，是城市的开放与发展给了他们这么一个机会。第一代农民工可以称为生存型、生计型农民工，他们对进城有着强烈的生存欲望，相比于在农村的穷苦日子，进城是唯一选择。对于第二代农民工来说，他们进城与第一代农民工有着不同的生存需求，被称为发展型农民工或者事业型农民工，但是，获取更高的收入仍是其进城最直接的动力源泉，因为高收入是其在城镇发展或者返乡创业发展的基石，要实现在城市向上流动的梦想，缺乏金钱铺垫是不可能的。同时，在城乡创业发展以追求自我价值实现时，也免不了足够的原始资金支持。而且，一定的收入水平也是一个人价值外显的标签，新生代很想具有与他们父辈不一样的形象与价值，更希望在同龄人中引人羡慕。当然，收入与一个人的人力资本水平直接正向关联，个体人力资本素能越高，其获得较高工资收入的可能性越大。因为收入高，他们则有更多自我提升的机会，比如参加各种素质培训。相比于城镇居民，新生代农民工文化素能较低，竞争力较弱，但是他们进取心很强，希望通过不断学习提升知识储备与素能储备而获得优质工作岗位，借此获取高额收入回报，为立足城镇并获得更大发展奠定坚实的经济基础。

（四）达致完美人生

不管身处城市还是农村，农民工都有追求美好生活的愿望，都想获致完美的人生，因此，他们选择城乡流动都将遵循自身愿望价值最大化原则。中国目前还

处于城镇化发展的初步阶段，还未能达到城镇田园化反哺发展层次，因此，城镇化集中发展仍是当下乃至未来较长一段时间的社会发展主流，农村人口向城镇集聚流动仍将持续，而且随着中国现代化进程的深度发展，农村将释放更多劳动力，这些农村剩余劳动力的主要流动趋势仍是向各类城镇集中。

城镇汇聚了当地最先进的科技与最时尚的思维、生活方式，在这里，人们既可享受科技进步与现代时尚文明的成果，又可为人类进步与发展作出自己的努力，进而与城市一起进步。农民工是农村中敢于冒险的积极分子，也是主动性较强的群体，他们进入城市，本身就代表着进步。因为他们渴望通过不断迁移以充实自己的人力资本，争取更大的价值，获得更大的回报，而城市又给他们提供了这样一个自我提升的机会，使很多进城农民获得了重生。有些农民工在城市立足成为当地市民，有些则将在城市提升的素能带回老家，成为乡村文明改造的动力源泉。

对于进城农民工来说，进城不仅成为他们进步的阶梯，也成为他们过上美好生活、实现完美人生的关键。具体到农民工群体的美好生活，主要从以下几个方面得到体现。一是充足富裕的物质生活。在农村，由于物资匮乏，大家既无法获得更多收入，又缺乏相应物质以供享受；但是在城市里，物质充足，生活便利，获取收益的机会众多，只要努力，不管在什么岗位，都可以享受到比在农村充裕得多的物质生活。二是公平正义的政治生活。在城市，人们的思想觉悟大大增强，不再像在农村时那样只顾在地里讨生计而对身边政治、社会事件不太关心。而城市政治生活最核心的一点是：成为这个所立足城市的主人并予以充分保障这种主人地位。城市能够倾听百姓心声，在社会治理方面能够体现大多数人的利益诉求。尽管当前农民工在城市里较为边缘化，他们的利益常常被忽略，但是随着城镇化的深入发展，他们的政治权益将得到更多保障。三是其他诸如高雅丰盈的文化生活、便利的医疗服务、整洁舒适的宜居环境、优质的教育资源等。这些都令在城市的农民工流连忘返，长期的城市生活使他们再也不愿迁移回乡村，即便在城市过得很艰难，故乡也再无法收藏他们对美好人生渴望的灵魂，以致他们常常在城市与乡村之间来回迁徙。除非万不得已，他们才会回归乡村。

第四章　湖南农村劳动力流动现状及困惑

第一节　湖南农村劳动力流动现状

一、湖南人口总数及结构

湖南位于云贵高原向江南丘陵、南岭山脉和江汉平原过渡的地带，与广东、广西、贵州、重庆、湖北、江西等六个地区接壤，地势西高东低，湘、资、沅、澧四大河流从南向北流向长江，在河流经过的地方都是较为肥沃的平原地区，很适合水稻等农作物耕种生产，历来流传着“湖广熟，天下足”的美谈。至2022年年末，湖南下辖13个地级市、1个自治州，总面积21.18万平方千米，常住人口6604万人，城镇化率60.31%。

湖南是一个人口大省，人口总量在全国排第七，GDP为48670.37亿元，排全国第九，距离第一名广东省的129118.58亿元差很远。湖南2012年年末总人口7179.9万人，全省三次产业结构为13.6：47.4：39；到了2022年，三次产业结构调整为9.5：39.4：51.1，结构继续优化，但是与广东省相比，大体处于工业化中后期阶段。2022年，广东省三次产业结构为4.1：40.9：55.0。这表明湖南社会经济发展还有很大优化空间，尤其是农业产业发展。湖南作为传统的农业大省，在中国工业化、城镇化发展浪潮的冲击下，农业对湖南的经济贡献虽然远不如工业与第三产业，但是其接近10%的占比，说明在湖南经济发展中占据重要地位。为此，湖南在坚持重视农业发展之外，还须通过城镇化与工业化发展，进一步释放农业发展空间，在“走出去”与“引进来”两个方面下手推动湖南农村发展。所谓“走出去”就是通过农业发展，将依附在土地上的农村劳动力解脱出来，向城镇工业、服务业转移。据统计，2010—2020年，湖南经济发展年均增速达到了7.8%，二三产业增速较快，分别达到9.1%、9.5%，但第一产业只增加了3.5%。与之相对应的是产业结构的优化，三次产业结构由2010年的

13.3∶45.2∶41.5调整到2020年的10.2∶38.1∶51.7,实现了“二、三、一”到“三、二、一”的演变，但是其优化转变的力度还是非常小的。譬如，2020年全省第一产业从业人员为836万人，虽比2010年减少了一半多，但是在全省3280万就业人口中，其占比还是非常高的，达25%，这与其农业产值不到10%的比例很不协调，说明湖南还可以继续通过城镇化、农业现代化、机械化、工业化程度的提升，不断促进农村就业人口从农业向二三产业，从农村向城镇，从低效率行业向高效率行业转移，为农业现代化发展提供更多空间。就湖南而言，湖南人口总数在经历一段时间持续增长后，出现较大下滑，被河北超越而位居全国第七。湖南人口总数变化情况如图4–1所示。湖南人口在2020年达到了6645.3万人这个高峰之后，到2022年降到6604万人，这与生育率降低、死亡人数增加、外出定居人数增加有着直接关系。

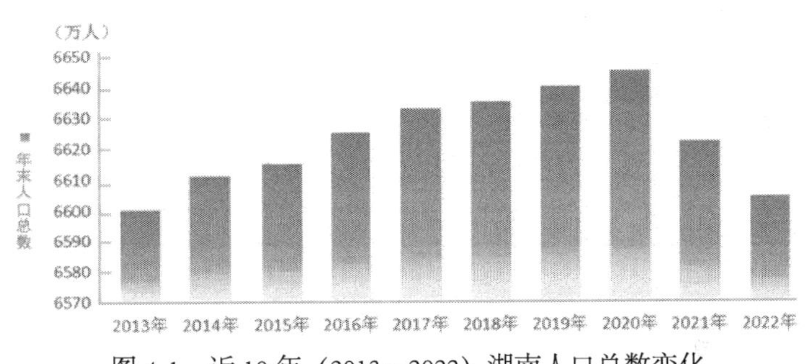

图4-1　近10年（2013—2022）湖南人口总数变化

二、湖南农民工流动情况

在中国城镇化与工业化推进下，湖南农村劳务输出在全国排在前列。2022年，全国农民工总量为29562万人，其中，外出农民工总数达17190万人。湖南2022年农民工总数是1762万人，其中，外出农民工总数达到1396万人，在全国农民工输出人数排名中位居第三，仅次于安徽与四川（见图4–2）。

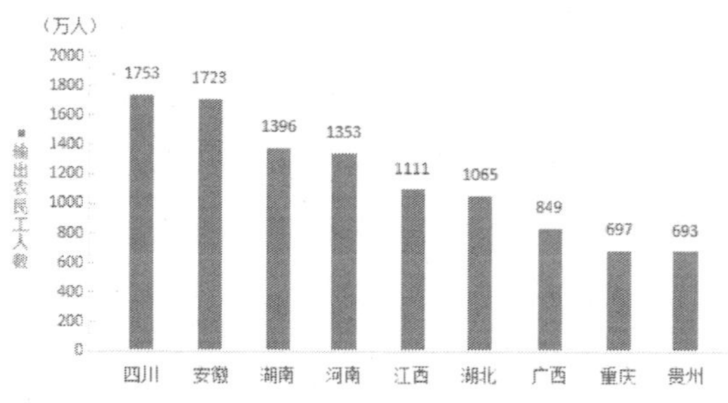

图 4-2　中国主要省份输出农民工人数

在人们传统的认知里，湖南是一个比较富足的地区，但由于历史、地理以及社会制度等各种因素影响，湖南的发展相对滞后。湖南是一个人口大省，亦是一个农业大省。2022 年，湖南省常住人口 6604 万人，农村人口超过 2600 万人，辖区面积有 21.18 万平方米，耕地面积却只有 4.14 万平方米，人均耕地 0.84 亩，只占全国平均水平的 60%。具体到一些地市来看，人均耕地资源更少，当地居民不得不外出务工发展。譬如，湖南邵阳市 2022 年人口总量是 641.78 万人，辖区面积为 20824 平方米，人均耕地只有 0.822 亩。由此来看，湖南有大量农村人口闲置，外出就业不可避免。就农民工外出流动情况看，湖南农民工总量从 2013 年到 2022 年近 10 年基本没有太大变化（见表 4–1），都维持在 1700 万人左右。总量增长较快的 3 个市州分别是湘西州、怀化市和张家界市，全省仅邵阳市农民工人数呈小幅下降趋势。

表 4-1　近 10 年（2013—2022）湖南农民工人数变化

单位：万人

指标	2013 年	2014 年	2015 年	2016 年	2017 年	2018 年	2019 年	2020 年	2021 年	2022 年
农民工规模	1679.2	1707.5	1727.2	1745.1	1775.8	1758.1	1778.7	1724.1	1819.5	1762
本地农民工规模	500.4	500.7	528.3	528.9			544.8	542.7	783.1	
外出农民工规模	1178.8	1206.8	1199.4	1216.2			1233.9	1181.4		
跨省流动农民工规模	792.4	819.4				781.3	771.2		1036.4	
农民工月均收入（元）	2810	2998	3345	3596	3845.5	4234	4593	4789	5190	

注：部分数据空缺是因为暂时未找到相关数据。由于对地方农民工的数据统计缺乏连续性，因此，获得相关数据也缺乏连续性。

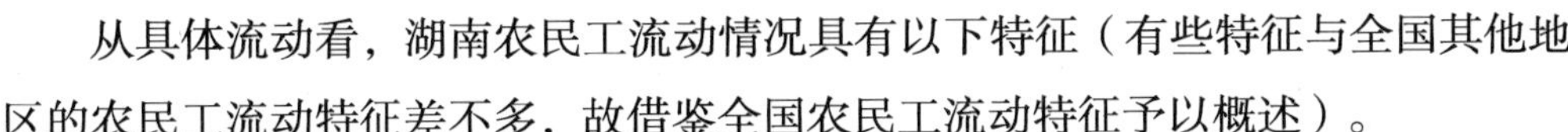

从具体流动看，湖南农民工流动情况具有以下特征（有些特征与全国其他地区的农民工流动特征差不多，故借鉴全国农民工流动特征予以概述）。

（1）流动者中，高龄农民工占比较大。2022 年农民工监测调查报告显示，农民工平均年龄为 42.3 岁，比上年提高 0.6 岁。41 岁及以上农民工占比为 53%，其中，50 岁以上农民工占比为 29.2%，在外出农民工中，有 16.4% 是 50 岁以上。上述监测结果表明：农民工老了。因此，在全国各建筑工地，在厂房车间，在商业楼宇的保安、保洁等岗位上，甚至在街头巷尾的快递员和外卖骑手中，都能看到不少大龄农民工身影。其退路无非就两个：回家养老或者再就业，而这两个问题都很难一时妥善解决。在新老农民工流动过程中，老一代农民工逐渐退出外出务工市场，新生代农民工则更愿意选择在外地流动定居，这是这些年外出农民工逐渐减少的原因，其中老龄农民工规模化回乡是主要原因。

（2）从就业行业看，农民工就业基本集中在第二、第三产业，而第二产业又集中在制造业与建筑业，第三产业则主要集中在批发零售、交通运输、住宿餐饮以及居民服务、修理等行业。从农民工就业结构看，他们在第一产业就业比例不到 1%。如果农民工大规模返乡而不退出就业市场的话，他们能否适应乡村振兴中的涉农就业创业便是一个很大问题。这也是很多返乡农民工在老家不会务农，也没有更多其他就业机会而不得不又选择流向城镇的原因。然而，再次回到城镇，由于年龄、身体、技能等各方面因素影响，他们的再就业问题亦很棘手。在湖南就业的农民工，制造业吸纳了较多农民工就业，2022 年在第二产业务工的农民工为 935 万人，占农民工总数的比例为 51.4%。其中，从事制造业的农民工占第二产业农民工人数的比例为48.9%,可见制造业仍是吸纳农民工就业的主要渠道。分行业看，相比于去年增员人数最多的前三个行业分别是：租赁和商务服务业，制造业，居民服务、修理和其他服务业，增幅分别为 23.3%、10.7%、7.9%；减员人数最多的前三个行业分别是房地产业，采矿业，文化、体育和娱乐业，减幅分别为 4.3%、14.4%、21.5%。

（3）从流动者教育程度看，就全国而言，在全部农民工中，大专及以上文化程度占 13.7%，比上年提高 1.1 个百分点，高中文化程度占 17.0%，小学文化程度占 13.4%，未上过学的占 0.7%，从中可看出高层次农民工人数在增加。当然，文化教育程度的高低并不能完全等同于他们的就业能力，如果农民工具有不断学习的能力，肯钻研，他们也可以成长起来，也能够很好地适应城镇化的工作与生活。但是就统计而言，绝大多数农民工因为文化知识局限，在城镇化现代文明冲击下，特别是产业结构转型与新知识经济时代来临，被边缘化的威胁更大，很多岗位都无法胜任。随着信息技术快速发展，制造业、人工智能和数字平台领域的就业机会越来越多，但与新生代农民工相比，大龄农民工文化水平普遍不高，绝大多数没有专业技能，难以掌握智能生产基本原理与操作规范，只能从事体力劳动和技术简单的工作，从“体力型”转向“技能型”难度较大。他们只能停留在那些体力型、经验型的工作岗位。哪怕是从事一些与农业有关的工作，如果缺乏了平台技术的支持也很难以有未来，而平台技术的掌握及更新对于他们来说都是一种奢望。

（4）从流向来看，农民工输出最多的是中部地区，2022 年达到 6310 万人，跨省流动为 3511 万人，占比高达 56%，而东部地区只有 4687 万人的输出量，跨省流动只有 703 万人，占比只有 14.99%，他们更多选择在省内流动。从东部、中部、西部、东北地区的跨省流动情况看，中部地区最多，其次是西部地区，而从农民工输入地看，尽管东部地区仍然是输入量最多地区，比中西部、东北地区总和还要多，但是从输入地农民工增加速度看，中部地区最快，高达 3%，而东部地区增速只有 0.1%，可见中部地区对于农民工吸收呈现出增加态势，这与中部地区产业转移承接、乡村振兴以及各种人才吸纳优惠政策有直接关系，而在输入的农民工中，绝大部分是本土农民工，他们愿意选择在家乡的省份各城镇务工定居。湖南在 2022 年年末的农民工总数是 1762 万人，其中，省内务工人数为 756.2 万人，占农民工总数比例为 43.0%；省外务工人数为 1005.9 万人，占比为 57.0%。其中，在珠三角地区务工农民工人数为 529.1 万人，占省外务工人数的比例为 52.6%，可见湖南外出农民工半数以上流向了珠三角地区务工，更是有 500 多万人在广东常住定居，远远多于其他省份常住人口（见图 4–3）。

湖南人为何热衷流向广东呢？主要有以下几个原因。首先，距离是影响人们选择打工城市非常重要的因素。就像选择去北京打工的人，多是来自北京周边省份以及周边城市的人，因为选择比较近的地方打工，回家更容易，能节省更多交通费。其次，“亲密度”更高。好像自古以来，湖南和广东就已经“纠缠不清”。据了解，在过去战乱等因素作用下，不少湖南人迁移到广东讨生活，湖南人和广东人之间有着些许“姻缘”，两者之间惺惺相惜，这也是湖南人更“中意”广东

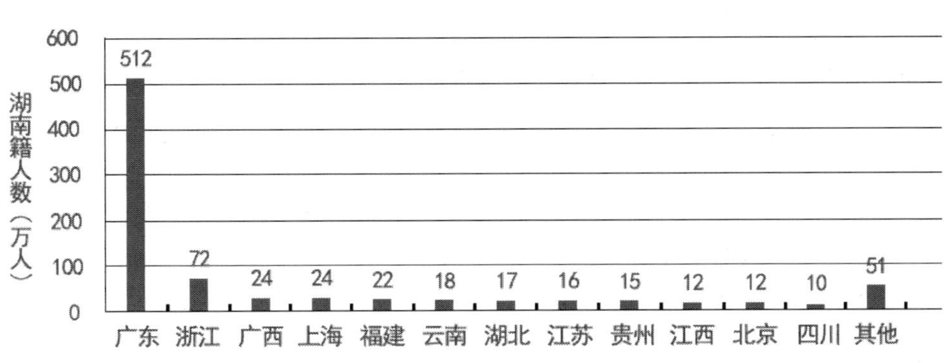

图 4-3 2020 年湖南人在外省常住人口地域排名

的原因。最后，在广东的压力更小一些。一个城市发展得越好，在其中的竞争压力会越大，就像物价、房价等就已经限制住不少人了，很多人在大城市过着低收入、高消费的生活。湖南人之所以不选择上海，而更愿选择广东，那是因为上海竞争压力更大，不少有在上海打工经历的人都说：如果在上海不工作，真的很有可能被饿死。

（5）返乡回流人数增幅明显，但总体可控。2022 年，湖南返乡农民工人数为 70.4 万人，相比上年增加 10.6 万人，增幅为 17.7%。返乡农民工占湖南农民工总数的 4%，未出现大规模返乡回流情况，其中，已重新就业人数为 55.5 万人，占回流人数的 78.8%。

（6）外出就业月均收入水平有所提高。根据湖南统计调查总队数据，2022 年湖南省外出就业人员月均收入为 5190 元，同比增加 401 元，增长 8.4%。按照从业地区分类，外出省内的月均收入为 4854 元，同比增长 7.0%；外出省外的月均收入为 5431 元，同比增长 9.3%。省外就业收入不管是总量还是增幅都较省内就业收入高。

第二节　流动路径

一、向城镇流动

改革开放以来，农民工经历了四次大规模流动。第一次为改革开放初期。随着乡镇企业的异军突起，广大农民纷纷离土不离乡，就地进工厂。第二次是在20世纪90年代。随着大量乡镇企业的关停与向城市迁移，跟随而来的是广大农民离土又离乡、进城又进工厂的大规模流动现象。农民工群体在1989年就高达3000万人，到1999年已达到了6683万人。第三次是21世纪之后。农民工群体开始了加速跨省外出大流动，2001年跨省流动的农民工比重达44%。到2011年，农民工总数突破了2亿人，多达25278万人。第四次是2012年党的十八大召开后，国家加快推进户籍制度改革，落实有序推进农业转移人口市民化的政策，农民工群体进入快速融入城市的市民化新阶段，不仅农民工总量持续增加到近3亿人，而且农民工的城市融合度大大提升，绝大部分农民工认为自己是城里人。

中国农民工进城的发展历程，不同于国际农业劳动力转移的两个同步规律，即工业化与城镇化同步、进城就业与进城落户同步，而是具有自己的鲜明特色，即中国的城镇化与工业化同步性不强，很多地方出现城镇化先行、工业化滞后的现象，进城就业与进城落户严重不同步，大量进城者不愿意落户，这意味着中国的城镇化发展不得不选择分阶段进行。可以说，中国农民工的进城史也是中国城镇化演进史，反过来也可以这么说。每一次农民工大规模进城都将城镇化提升到一个新阶段。农民工进城步伐与城镇化、工业化发展步伐基本一致，尤其是中国迈入21世纪后，社会经济发展欣欣向荣，城镇化如火如荼。

湖南作为中部重要的人口大省与农业大省，又邻近经济强省广东，在改革开放推进下，湖南农民早早就感受到城镇的生机与活力，于是，他们纷纷走向外出务工谋生、谋发展的道路。湖南农民工外出流动务工的历史，同样是湖南城镇化率增长的历史（见表4–2）。2022年，在全省常住人口中，城镇人口为3900多万人，约占58.76%；乡村人口为2700多万人，约占41.24%，与2010年第六次全国人

口普查相比，城镇人口增加了1000多万人，乡村人口则减少了近1000万人，城镇人口比重提高15.46个百分点。

表4-2　近11年（2012—2022）湖南省城镇化率变化

单位：%

年份	2012	2013	2014	2015	2016	2017	2018	2019	2020	2021	2022
城镇化率	46.65	47.96	49.28	50.89	52.75	54.62	56.02	57.22	58.76	59.71	60.31

但从全国看，湖南城镇化率还比较低，2022年，全国城镇化率为65.22%，而湖南只有60.31%，比全国少了近5个百分点。根据第七次全国人口普查结果，湖南省常住人口为6644.49万人，与2010年第六次全国人口普查相比，10年增加74.41万人，10年人口增长率仅为1.13%，远低于全国总人口增速（5.38%），是同期我国人口增长比较缓慢的省份之一，排在全国第22位。这表明湖南城镇化发展对农村以及其他外地人口吸纳力不高，发展水平还有很大提升空间。

从纵向发展看，湖南城镇化发展还是有了很大进步。不过，从第六次全国人口普查到第七次全国人口普查，湖南各地市甚至县级城镇化率，因为社会经济发展情况不一样而呈现出很大差别（见表4–3）。

表4-3　近10年（2013—2022）湖南省各地人口总量及城镇化变化

年份		2013	2020	2021	2022
长沙市	人口（万人）	787.46	1004.79	1023.93	1042.06
	城镇化率（%）	70.55	82.6	83.16	83.27
衡阳市	人口（万人）	705.52	664.52	662.1	657.74
	城镇化率（%）	47.41	54.27	55.23	55.78
邵阳市	人口（万人）	698.78	656.35	646.83	641.78
	城镇化率（%）	37.94	52.16	53.04	53.65
常德市	人口（万人）	557.15	527.91	523.8	521.3
	城镇化率（%）	43.98	56.22	57.19	57.7
永州市	人口（万人）	524.21	528.98	519.05	514.37
	城镇化率（%）	38.92	46.94	47.91	48.58
岳阳市	人口（万人）	534.47	505.19	504.22	501.75
	城镇化率（%）	50.52	60.6	61.60	62.1
郴州市	人口（万人）	461.18	466.71	465.79	463.68
	城镇化率（%）	46.74	58.18	59.04	59.53
怀化市	人口（万人）	465.19	458.76	455.95	452.07
	城镇化率（%）	39.26	47.17	48.11	48.77

续表

年份		2013	2020	2021	2022
株洲市	人口（万人）	387.27	390.27	388.33	387.11
	城镇化率（%）	60.51	71.25	72.03	72.47
益阳市	人口（万人）	420.11	385.16	382.78	379.36
	城镇化率（%）	42.17	50.43	51.6	52.9
娄底市	人口（万人）	379.23	382.7	379.68	376.01
	城镇化率（%）	39.12	46.95	47.76	48.5
湘潭市	人口（万人）	274.31	272.62	270.9	270.27
	城镇化率（%）	54.53	64.37	64.41	65.2
湘西州	人口（万人）	254.88	248.81	247.63	246.1
	城镇化率（%）	38.84	50.72	51.57	52.21
张家界市	人口（万人）	150.24	151.7	151.03	150.4
	城镇化率（%）	41.74	51.64	52.4	53

从表 4–3 可以看出，2022 年长沙城镇化率达到了 83.27%，比上年末提高了 0.11 个百分点。城镇化率的逐年提高表明长沙城市规划和发展取得了明显成果，更多人口涌入长沙。按照户籍人口计算，2022 年长沙人口出生率为 7.84‰，死亡率为 7.25‰，自然增长率为 0.59‰。虽然人口出生率略高于死亡率，但自然增长率较低，表明长沙人口增长主要依赖于外来人口迁移与本地农业人口非农化，而非自然增长。湖南长沙在地区经济发展中的首部效应越来越突出，它对吸纳湖南农村地区、其他城镇地区以及外省人口流入起着重大作用。对比第七次与第六次全国人口普查结果发现，长沙第七次全国人口普查常住人口为 1004.79 万人，10 年增加 300.69 万人，10 年人口增长 42.71%，常住人口、人口增量、人口增速均为湖南省第一，也是全国新晋千万人口大市之一。与 2010 年第六次全国人口普查相比，长沙人口强势反超了人口负增长的衡阳、邵阳两市，城市首位度直线提升，而衡阳、邵阳两市常住人口则跌破 700 万人，目前衡阳略多于邵阳。永州常住人口为 528.98 万人，10 年增加 9.55 万人，10 年人口增长 1.84%，虽然人口增长极为有限，但是依然反超了人口负增长的常德、岳阳两市，未来发展可期。郴州常住人口为 466.71 万人，10 年增加 8.36 万人，10 年人口增长 1.82%，与 2010 年第六次全国人口普查相比，常住人口反超怀化，领先怀化 8 万人。株洲常住人口为 390.27 万人，10 年增加 4.56 万人，10 年人口增长 1.18%，与 2010 年第六次全国人口普查相比，常住人口反超益阳，领先益阳 5 万人；益阳常住人口为 385.16 万人，10 年减少 45.64 万人，10 年人口减少 10.59%，是湖南唯一人口减幅超过 10% 的市州。2010—2020 年 10 年间，湖南省 14 个市州中，仅长沙、

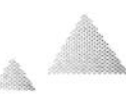

永州、郴州、株洲、娄底、张家界6市常住人口实现了正增长，衡阳、邵阳、常德、岳阳、怀化、益阳、湘潭、湘西州8市州常住人口均为负增长，且其中5个市州人口减幅超过了5%，整体人口发展形势很不理想。

邵阳位居湖南偏西部地带，以山地丘陵为主，人口较多，地域面积偏小，经济结构以第一产业为主。到了2022年，经济结构优化有所彰显，达到16.61 : 31.94 : 51.4，第一产业在总体结构中比上一年下降了1.14个百分点，但是占比仍很大。在全省城镇化战略下，其城镇化发展亦比较滞后。2022年，邵阳城镇化率只有53.65%，不仅低于湖南全省平均水平60.31%，更是低于全国城镇化平均水平65.22%。不过，就邵阳城镇化发展历程看出，邵阳城镇化发展从2013年的38.08%增长到2022年的53.65%，年均增速也可达1.5个百分点，这也是邵阳城镇化发展历史中增速最快的10年。但是，邵阳农村人口偏多，2022年农村人口297.49万人，年末全市常住人口641.78万人，较上年减少5.05万人。纵向来看，从2010年的第六次全国人口普查再到第七次全国人口普查，邵阳以净流出50.82万人成为全省人口减量排名第一的市州（见表4–4）。

表4-4　近10年（2013—2022）湖南省邵阳市人口变化

年份	常住人口（万人）	户籍人口（万人）	城镇化率(%)
2022	641.78	812.36	53.65
2021	646.83	816.89	53.04
2020	656.35	822.32	52.16
2019	730.24	825.78	48.78
2018	737.05	828.28	47.49
2017	737.54	826.46	46.76
2016	732.15	830.08	44.71
2015	726.17	821.37	42.44
2014	721.94	818.98	39.97
2013	720.04	805.94	38.08

二、农民工回流

（一）基本情况

所谓农民工回流是指进城农民工回到家乡的城镇与乡村，其中，既包括从沿海经济发达城市回到家乡城镇、乡村，也包括在本省大城市回到家乡市州以及县域城镇与乡村。农民工回流并不是新现象。自从民工潮形成以来，农民工回流一直相伴而生。纵观农民工流出与回流历史，结合我国改革开放的发展历程，我国农民工回流返乡大体经历了四个重要时期。一是企业制度改革时期。由于企业改制，许多国有企业或者集体企业纷纷改制为股份制企业，致使国有企业富余员工大大增加。当时，许多行业在职人员富余率高达30%，甚至有部分企业富余率达50%，很多职工不得不面临下岗命运，这样直接冲击着进城农民工，致使他们找工作很难，而不得不选择返乡回流。二是全球金融危机时期。2007年由美国开始的金融危机在2008年全面爆发并迅速向中国蔓延，导致我国经济自2008年开始，外贸出口受阻，沿海诸多中小企业陆续减产、裁员和关闭，就业面临很大压力，一直持续到2010年才渐渐缓过神来。在此期间，那些在城镇没有固定居所与固定单位的农民工首当其冲。三是城市人口调控时期。北京、上海等特大超大城市人口持续增长，由此所引发的拥堵、污染、资源配置跟不上等“城市病”越发严重，于是，国家在2014年通过新型城镇化规划对此作了明确调整：全面放开建制镇与小城市落户限制，有序放开中等城市落户限制，合理确定大城市落户条件，严格控制特大城市人口规模。受此调整，一些拥挤在大城市尤其是特大城市的农民工选择流出，有的选择回乡返流。四是乡村振兴时期。随着改革开放深入推进以及社会经济发展转型，为了增强中国经济发展的韧性与底气，党的十九大召开，确定了乡村振兴战略，以确保“三农”问题得到根本解决。乡村振兴战略的提出，为外出务工农民返乡提供了很好契机。对此，各地也有序引导大学毕业生到乡、能人回乡、农民工返乡、企业家入乡。与此同时，农民工纷纷返乡回流，他们参与到乡村振兴之中来，返乡创业就业人数大幅增加，在一定程度上解决了乡村振兴缺人的问题。这些变化，可以从农民工外出人数减少与本地农民工人数增加得到直接体现。从输入地看，流向中部和西部地区的农民工人数增长较快，流向东北地区的农民工减少。2022年，东部地区输入的农民工只比上年增加9万人，增幅仅为0.1%；而输入中部地区的农民工比上年增加200万人，增长3.0%，增幅最大；西部地区也比上年增加156万人，增长了2.5%。

原国家卫生与计划生育委员会于2018年开展了流动人口卫生计生服务监测调查。该专项调查选择流动人口输出大省湖南、江西、安徽、四川、河南、贵州为调查区域，调查对象为典型村或村民小组的所有家庭户，对户内符合条件的返乡流动人口进行普查，得到如下基本情况。

（1）总的情况是，男性回流比例高于女性，跨省流动的农民工返乡比例更高，回流地区主要是中西部地区，而且就回流者学历层次看，主要以未上过学、年龄较大的农民工为主。这与本次课题组针对湖南农民工进行调查得到的数据基本一致。

（2）回流比重：超过五成农民工选择返乡就业。通过对 1515 个农民工有效样本考察发现，51.59% 的农民工选择返乡就业，而未返乡就业的农民工为 579 人，占比为 48.41%，低于前者 3.18 个百分点，这说明当前超过五成农民工已选择返乡就业，不过未出现盲目跟风返乡的情况。进一步从代际差异看，新生代农民工返乡就业占比为 34.96%，而老一代农民工返乡就业占比为 65.03%，老一代农民工返乡比重显著高于新生代农民工，这反映出新生代农民工对城镇的依赖性更强，不管乡村变化如何，他们还是更愿意留在城镇。

（3）回流原因：回归家庭成为农民工返乡的主要原因。从农民工回流原因看，因离家近便于照顾家庭与外地难以安家等而返乡就业的农民工占比分别为 25.12% 和 18.17%，累计占比为 43.29%；表示因外地就业形势不太好而选择返乡就业的占比为 18.46%。进一步从婚姻状况去看，在返乡农民工群体中，已婚群体占比为 82.66%。由此说明家庭成为农民工返乡就业的主要因素。后续的典型案例也反映了这一调查结果。

（4）回流地点：逾七成返乡农民工选择县域内再就业。农民工回流返乡主要是为了创业与就业。从他们返乡就业地点看，他们更倾向于在县城就业，占比达 36.7%，在乡镇与乡村就业的合计占比 32.71%，在县域内就业共计 69.68%，说明他们返乡主要是选择家乡县域。从返乡创业地点来看，选择在县城创业的占比最高，为 36.92%，其次是在乡村创业，占 32.31%，在镇上创业的只占 16.92%，三者合计 86.15%，说明返乡创业更倾向于县域范围；同时，就创业来看，在乡村创业者占比几乎与在县城创业者占比相同，表明创业涉农性强。这与后续有关创业行业的占比情况是一致的。

（5）回流行业：超过四成返乡农民工仍以建筑业、制造业为主。考察返乡农民工的就业行业发现，在 598 个有效样本中，从事建筑业和制造业的农民工占比分别为 23.91% 和 18.06%，累计占比为 41.97%；而选择以农业为就业行业的占比为 12.71%，仅占一成左右。此外，在调研过程中，表示正处于待业状态的返乡农民工占比为 8.53%。说明当前超过四成返乡农民工仍以建筑业、制造业为主；同时不难看出，返乡农民工的就业结构仍需转型优化。

（二）湖南农民工的回流情况

从近几年的数据情况看，湖南外出从业人员的增幅已经连续4年出现回落态势，并且呈现向省内回流趋势，出省务工比重下降。调查数据显示，2019年上半年，湖南农村外出就业劳动力为1320.8万人，同比增加10.5万人，增长0.8%，增幅回落0.4个百分点。从就业地域来看，2019年上半年，在湖南省内就业的外出从业人员占该省全部外出从业人员的39.9%，同比提高1.6个百分点；外出省外的占60.1%，比重有所下降。2022年，湖南出台《推进“湘商回归”工作实施方案（2022—2026）》《湖南省关于进一步实施精准招商的若干意见》《关于发挥境内外商协会和校友会作用促进湖南招商引资工作的实施办法（试行）》等，搭建“湘商回归”政策体系。根据规划，湖南将力争未来5年各市州和县市区湘商回归、返乡创业者每年达到当地外出人数的2%左右。湖南省耒阳市曾是湖南城区面积最大、人口最多的县级市，常住人口达120多万人，还有近30万青壮年劳动力常年涌入沿海地区务工。作为一个劳务输出大市，耒阳市为了当地城镇化、工业化与乡村现代化建设发展，2021年以来采取大力度招商引资政策招引外出老乡回乡创业就业。通过几年的努力，如今，耒阳市正在悄然改变，越来越多在外务工人员选择回乡追逐梦想，有的利用多年积累的资金和技术办起了实业，有的凭借自身掌握的技术和手艺开起了小店……据湖南省农业农村厅最新统计，截至2022年10月，湖南农村返乡创业经营主体达28.5万个，农村创业创新人员达72.4万人，其中农民工57.9万人，全省农村双创经营主体带动就业187.3万人。

第三节　流动困惑

一、进城之困

进城之困，一是进不畅，二是融不好，三是化不下。具体体现在四个方面：就业、定居、惠享、融城。

（一）城镇就业缺乏兜底保障

自从农民工进城务工以来，每年在外务工与在本地务工的农民工总数在2亿人左右，2022年，更多达近3亿人。尽管他们在外出流动过程中积累了大量经验，人力资本有所充实，但是，因为他们整体文化素质较为低下，思维、知识限制了他们对新鲜事物的接受能力，以致在产业调整升级过程中，他们被产业边缘化的情况很严重。据2022年农民工监测结果显示，农民工文化教育程度大多在初中及以下，占比近60%，有67.1%的农民工从未接受过任何职业培训。他们要找到一份工作很难。这些年，高校大学生毕业人数一路飙升，从2009年的近600万人一路突破700万人、800万人、900万人，直到2023年的1100多万人。优秀的年轻人力资源充斥劳动力市场，对于没有多少文化知识的农民工形成了很大市场挤压，甚至一些新生代农民工通过多年的比拼好不容易成为小主管、高管，也时刻面临这些高校毕业的专业人才的竞争。优质的专业、青年人才基本堵住了农民工群体在职业层面的向上通道，一些较稳定的、工作环境舒适的、收入较高且有就业保障的岗位基本被他们获取，很多农民工只能在次属或者边缘劳动力市场获得非正规性就业[①]，他们不得不在城镇中从事一些脏、累、苦、险的工作，这些工作岗位任务重、缺乏保障、时常停歇，特别是建筑业等一些行业。还有一些企业想方设法规避劳动合同对自己的约束，不与农民工签订合同的情况比比皆是，以致他们的工作及其他权益得不到法律的保障……诸如此类现象，反映了农民工在城镇就业的不易、不稳以及对未来生活的难以构想[②]。

（二）收入很难维持城镇可持续生活

农民工进城滞后于城镇发展的根本原因，不少人以为是中国城乡区隔的户籍制度作祟。不可否认，中国城乡差异的户籍制度确实影响进城农民的城镇化进程。然而，随着中国户籍制度改为居民登记制度，户籍对进城者的约束大大降低，当前限制进城者城镇化较为突出的因素主要是农民工在城镇的生活可维持能力以及在乡村老家的宅基地、承包地处置问题，尤其是前者。而维持进城者城镇生存能力的核心是其人力资本充裕程度以及获取货币的能力。如果在市场主导下，农民工缺乏足够的人力资本及其转化为相关职业获取相应收入，那么他们在城镇是很难维持下去的，即便城镇给予他们足够的公共服务待遇，他们还须支付城镇高昂的生活成本。城镇与农村除了地域上的差别外，还有一个生活成本的巨大差异问题，农村生活成本开支相较于城镇要低很多，特别是与一些大都市相比。正如北京、

① 符平，唐有财，江立华．农民工的职业分割与向上流动[J]. 中国人口科学,2012(6):75-82.
② 钱文荣，黄祖辉．转型时期的中国农民工[M]. 北京：中国社会科学出版社,2007.

上海、深圳等一线大城市实现农民工城镇化的最大障碍已不是户籍问题而是高昂的生活成本及相关社会保障缺失问题①。在所接触的调查对象看来，决定城乡生活成本最大的差距是住房与孩子培育成本两个方面。就孩子培育而言，由于每个家庭成员素质、能力不一样，他们对待孩子的培育开支具有很大的伸缩性，但是就住房而言，由于它具有刚性，因此住房成本的高企是农民工进城落户定居的最大障碍。作为农民工来说，他们的传统意识里都认为，哪里有自己的房子哪里就是自己的家，哪里才可让自己安心定居下来。可是，以他们的人力资本及就业现状与收入情况看，他们很难支付在所务工的大都市的住房成本。2022 年，农民工月均收入 4615 元，比上年增长 4.1%，但是，还是赶不上房价增速，亦难以维持较高房价收入比。比如，2021—2022 年，上海、北京的 PIR 分别达到了 26、23，即便较低的泉州、长沙也分别在 5.9、5.6 左右。以农民工的收入无法支撑他们在这类大城市购房定居。此外，农民工在城镇租住房也不能得到很好保障。一是很难获得务工城市推出的经适房、两限房、廉租房、公租房等保障性住房。二是其租住房成本在其收入中占比很大。2015 年，农民工人均居住开支占其生活开支的 46.9%。城镇无房支撑不了一家在城镇的起居，怎么会让他们轻易作出落户城镇的决策？农民工不是不想改善其居住条件，而是受收入限制改善不了②。

湖南农民工收入能力如何？统计显示，2019 年湖南外出农民工人均月收入 4373 元，居住支出占比在所有消费支出中排在第二位，占 20%。他们的居住情况，不论是自购房还是租住，基本达到了 21.7 平方米 / 人，假设以购房定居为例计算，为了维持一家三口正常居住生活，购房以 80 平方米标准计算，那么，湖南农民工房价收入比大概是一个什么情况呢？以 2019 年湖南各市的房价均价来衡量，除了长沙达到 1 万元 / 平方米外，其他各市州基本为 5000~7000 元 / 平方米。以 6000 元 / 平方米均价大概计算，购买一套标准化住房，在湖南各市的开支大概需要 48 万元，再加上 12 万元左右的装修等费用开支，至少需要 60 万元。以夫妻两人的收入计算，其房价收入比大概在 6.0 左右，而国际标准也在 3~5。看起来，湖南农民工房价收入比还是比较合理的，但是农民工除了这些收入外，基本没有其他来源，而且最关键的是他们的工作不稳定、家庭开支较大，要维持市州及以上规模城市的住房成本开支是比较难的，这大大抑制了他们在上述规模城市的城

① 刘传江，徐建玲，等．中国农民工市民化进程研究 [M]. 北京：人民出版社，2008.

② 简新华，何志扬．中国工业反哺农业的实现机制和路径选择 [J]. 南京大学学报（哲学·人文科学·社会科学版），2006(5):28–35.

镇化进程。当然，农民工在城镇化进程中，对选择在哪里实现定居有自己的理性计算，至少，就他们目前的选择趋向看，他们中很多农民工特别是年轻农民工选择在老家县城或者中心镇实现购房定居是比较合适的。就他们的收入而言，他们能够维持在县域内城镇的各种成本包括住房成本。

（三）子女教育成为城镇化难言之痛

农民工子女得到较好的教育安排是他们进城质量提升的又一个关键要素。农民工子女包括随迁儿童与留守儿童两大部分，由于农民工进城家庭化趋势越来越明显，留在家的儿童人数呈现断崖式下降。2013 年，全国 17 岁及以下的农村留守儿童还有 6102.55 万人，2016 年下降到 902 万人。根据《中国农村教育发展报告（2020—2022）》，2021 年，达到全日制义务教育阶段的留守儿童人数又达 1199.20 万人，其中，近九成由祖父母与外祖父母照看，近一成则交给亲戚朋友帮忙照顾，这些留守孩子在老家的成长教育是农民工父母的心头之痛。爷爷奶奶、亲戚朋友等对孩子的照顾最多只是起到一个守夜人的角色，即只要管着孩子不受寒、不挨饿、有一个地方睡觉，其他也无法关心。在外的农民工父母不得不担心孩子在老家的教育质量如何、上下学路途是否安全、学习之余玩手机游戏能否控制，等等。每每想到孩子的这些问题，他们在外就不安心，对务工地城镇的认同感就没有那么强。与留守儿童下降呈相反发展的是农村随迁子女大规模增加。2013 年，达到义务教育阶段的随迁儿童有 1277 万人。2021 年全国教育事业发展统计公报显示，义务教育阶段在校生中进城务工人员随迁子女有 1372.41 万人，其中，小学就读 984.11 万人，初中就读 388.30 万人。这些随迁子女在城市公办学校就读的比例高达九成。按理说，其享受城镇优质教育的情况还是比较理想的，特别是与乡村较差的教育环境比，能够将子女带在身边并送到务工地所在城镇就读很令人满意。然而，由于城镇环境对他们这些从事低端职业、居住不稳定的农民工很不友善，因此，其随迁子女教育问题很令人揪心。一是农民工子弟很难进入所在城镇优质公办学校就读。这些学校对户口、住房等有严格限制。二是在城镇就读，家庭背景、孩子素质相差很大。农民工子女内心较为压抑，老师往往难以顾及甚至区别对待，更加深了他们内心的自卑与不自信。也就是说，他们彼此很难融合，以致一些家长不得不将孩子送往老家学校就读。三是农民工家长为了赚更多的钱，在务工地常常是一人兼几份职，能够陪伴孩子的时间与精力很少。

有时只能将孩子的教育陪伴交给自己的父母亲，而孩子的爷爷奶奶辈又缺乏管教能力。孩子在城镇里被各种花哨的思想与行为方式所影响，特别是受游戏与网络的侵害最为严重，导致他们整日沉浸其中，对读书很是反感。四是农民工自身素质低下，无法胜任对孩子的学习指导，而现在学生学习任务的完成都需要家长及时跟进，所以农民工孩子的学习总是滞后，使他们学习压力巨大，厌学情绪更浓。五是农民工家庭教育环境也不理想。他们由于没有自己的住房，很多人租住简陋房，一家三口或者四口只能蜗居在一间房子里，吃穿住都在一起，不像其他孩子可以享受独立安静的书房环境……在诸如此类各种局限之下，尽管进城随迁子女上学不再似以前一样被户籍制度所排斥，但是他们还是无法对孩子进城上学释怀，最后，一些家长不得不将孩子送回老家就读。由此，严重影响他们的城镇化进程与质量。

（四）城镇公共服务不能均等覆盖

城乡之间的严重差异在很大程度上体现在依附在城乡户籍背后的公共服务的差异上。农民工之前羡慕城里人的生活，主要是羡慕他们在城镇可享受较好的子女教育、医护治疗、养老保障、住房福利等待遇，可是，城里的公共服务待遇并未向进城农民工完全敞开。随着农民工职工化越来越明显，虽然很多农民工也能够享受到城里人的上述福利待遇，但是大多数农民工还是被排斥在外，他们在城镇的生活严重缺乏安全感，对务工一段时间还是要回乡村老家的观念很浓。这种观念在老一代农民工身上更明显。其实，随着农民工在城镇工作的职业化，所在地政府完全可以将他们纳入城镇公共服务体系，以解除他们在城镇生活工作的后顾之忧，加快他们在当地城镇的城镇化进程。现在，城镇户口背后的福利待遇没有之前那么丰厚，对农民工的吸引力也大大弱化。反之，与农村户口相对应的福利待遇正在提升，如果输入地城镇政府不加大对进城者公共服务待遇的覆盖力度与广度，这些城镇很难持续吸引农村劳动力流入。

二、回乡之困

在前述对回流农民工的分析得知，不管是返乡创业就业者还是回乡照顾亲人者，抑或是在城镇无法安身立足而不得不回家养老者，他们的回流都将面临三大困境：一是回流人口增加带给乡村承载之痛；二是回家养老之困；三是回乡再就业之困。回乡创业之困相对于养老与再就业之困来说，其处境要好一些。毕竟，那些回乡创业者的人力资本与物质资本相对比较充足，社会适应能力较强。

建设美丽乡村是国家均衡发展战略的一个重要组成部分，但是美丽乡村的呈现有一个生态承载力问题，这与乡村的自然生态属性直接关联，因此，为了打造生态乡村、活力乡村，首先应该为乡村生态释放承载空间；其次，为乡村发展提供规模化空间，如果乡村人口过多，将导致乡村承载过度。乡村人口增加，如果乡村生态治理跟不上，势必给乡村生态带来一定破坏。农民环保意识不强，每天产生的垃圾如果因为人口众多而增加，那么对于乡村生态是一个极大挑战。垃圾随便堆放，生活污水横流，焚烧产生的烟尘将山村笼罩而令人窒息……诸如此类环保问题，都是发展乡村生态之痛，而乡村发展的一个非常重要的拉动点就是良好的生态，如果连乡村最有价值的生态都不能很好地保护、挖掘与展现，乡村发展就缺乏可持续性。另外，乡村某些产业发展需要依靠一定规模才能产生效益，比如经济作物经营，如果过于零散将无法收获规模效益，而农民工回流将使部分农民工收回曾经流转的土地山林，不利于土地流转以实现规模化经营。

回乡养老问题主要发生在第一代农民工身上，第二代农民工还有很大一部分继续留在城镇务工发展。从城镇返回的老一代农民工，不管是因为健康而主动返乡养老还是因为年龄大被清退回农村老家养老，都将面临在哪里养老与如何养老两大难题。有的农民工几乎是在城镇工作生活了大半辈子。他们 18 岁左右进城，如果在 48 岁退居老家，意味着在城里工作生活了 30 年，如果是 58 岁退居老家，意味着在城里长达 40 年，三四十年的城镇工作生活早已将他们历练为城里人，他们的各种生活习惯都被城镇化，至于工作内容、工作性质、工作习惯等更具城镇化、非农化。这些在城里生活工作了大半辈子的人回到农村，基本适应不了乡村了，所以很多年纪不是很超龄的农民工，比如 50~65 岁的农民工，又纷纷通过各种途径重返城镇，主要从事一些保洁、保安等服务性工作，以此为后续养老积累更多资金。这种养老模式还算比较理想。对于那些重新返场而进城的高龄农民工来说，如果找不到新工作，他们就必须面临难以适应的农村养老生活。其中，很大一部分稍微有头脑或者实力较为雄厚的农民工会在老家县城或者中心镇购买住房，以便开启返乡养老生活，因为在县城或者中心镇养老，与在大城市养老相差不太远。这些城镇虽然规模较小、工作机会不多，但生活简便，还能够安顿自己的心灵。不过，这些养老者还需有一个前提：基本物质保障。如果自己的养老金不够，在老家城镇生活的开支比在农村老家要高很多，哪怕是喝水、行走或者住房，每月的固定开支必不可少，而在乡下农村，很多开支都可省略。那么，返乡农民工有足够的养老金吗？

根据国家统计局发布的公告，2022年年末，全国参加基本医疗保险人数达134570万人，参加城镇职工基本养老保险人数达5亿人，参加农村城乡居民基本养老保险的人数为54592万人，而全国就业人数为7.34亿人，农民工则占了近3亿人，这些农民工绝大多数未能享受城镇职工养老保险待遇，他们只能享受城乡居民低额的保险。如果依照湖南最新调整的城乡居民养老保险待遇标准人均每月113元计算，这么低的养老保险是无法维持他们在县城甚至在农村老家养老的。对此，有人会认为，这些最早出来的老一代农民工应该存有足够的养老金。甚至有人认为，谁家没有个50万元存款？如果根据农民工务工月收入以及他们在城里节衣缩食的开支状况看，很多农民工在城里每年能够为家积攒10万元甚至20万左右的存款，所以几年下来存款30万元、40万元、50万元都不是很难之事，尤其是一些有技术的农民工，包括建筑装修工、保洁、木工、油漆工、设计师等。而且，按照央行给出的2022年5月底居民存款总额数116万亿元计算14亿人口的平均存款，人均存款达到了8.2万元。从这个层面上来看，对于一个普通的农村家庭来说，只要一家三口人均存款达到平均数，就能够轻松实现家庭存款金额超过20万元。然而，事实真的如此吗？相对于农村大额开支来看，即便按照人均8.2万元的标准计算，20万元左右的存款也难以让这些在外务工的农民工有一丝松懈，别说为回乡安心养老留足充分的养老金了。

农民工第一笔大开支就是子女的教育开支，虽然现在实现了九年制义务教育，但是课外辅导资料与培训费用以及孩子上高中、上大学的开支基本可以耗光农民工打工收入。譬如，一个大学生四年花销就要10万元以上。如果上一些民办院校比较热门的专业的话，四年20万元以上的花销都难以维持。孩子上完学走向社会之后，紧接着就是工作成家立业。对于农村家庭的父母来说，这也是一个大难关。对于农村家庭来说，现在的年轻人想要娶媳妇，基本的标配是一套房子，而且越贫困偏远的地区，彩礼要求越高，而现在哪怕是在一个小县城、乡镇添置一套商品房最低也需要二三十万元。本来，供养子女上大学就耗尽了农名工几乎所有积蓄，现在孩子结婚又要支付高额的购房费用，真是令人喘不过气来。除此之外，结婚开支也是一笔很大开支，一场婚礼酒席加上一些杂七杂八费用，也在10万元上下。因此，农民工供养孩子从出生到读大学再到其结婚生子，仅依靠他们的务工收入连维持都很难，更别说有多少存款了。也许有人说，依靠子女养老可以解决回流农民工养老问题，但是那些农民工子女为了成家立业已经掏空了父辈的养老金，他们在城镇工作生活还要依靠父母亲进城帮衬或者继续打工供养房贷、车贷以及子女培训教育开支，所以依靠子女养老也是很令人心酸的。

至于农民工回乡再就业问题，各级政府都采取了多种鼓励优惠措施以支持返乡农民工实现再就业，以拉动当地经济发展。近年来，随着乡村振兴战略深入推进，返乡农民工人数增加，他们在家乡就近就地实现了再就业。但是，由于回流农民工大多是文化程度较低、技能较为缺乏、主要依靠体能干活的人，对于很多工作很难适应，而不少在乡村创业的企业，存活率较低，一般仅 2~3 年，这样就面临回乡就业人多、就业岗位少、收入低、工作不稳定的局面。所以，回乡再就业对于回流者而言也是一种来了就想走但又无路可通的痛苦。

三、黏土之困

所谓黏土之困是指适龄农村劳动者过于“黏土”而导致流动滞缓甚至不参与流动以及由此为乡村农业规模化经营添障之困。

土地是农民的命根子。随着城镇化进程，数以亿计承包了土地的农民进城，他们不得不暂时放弃低效且难以维持生计的土地。他们要么将土地撂荒，要么交给关系较好的亲人朋友经营，也有少部分农民工交给专业农户流转收取一定租金。在他们看来，相对于较为丰厚的非农收入，务农收入几乎可以忽略不计，于是，土地变得不那么重要了。然而，在国家城乡一体化发展战略与乡村振兴战略强化下，农村经济渐渐变得活跃起来，农村要素得到了有效挖掘。作为农村最为主要而普遍的土地资源更是成为各种参与乡村建设、城镇化建设的主体所看重的资源，所以在城镇对常住人口特别是户籍人口的争夺过程中，大多数农民工既不愿意待在农村但也不愿意放弃农村户籍，看重的就是其背后捆绑的土地等要素资源。目前，中国城镇化率虽然达到了 65.22%，但是户籍城镇化进程较慢。“十三五”期间（2016—2020 年），新型城镇化取得重大进展，2020 年年末全国常住人口城镇化率达到 63.89%，户籍人口城镇化率提高到 45.4%，两者相差 20 个百分点。“十四五”期间（2021—2025 年），根据方案，到 2025 年，全国常住人口城镇化率稳步提高，户籍人口城镇化率明显提高，户籍人口城镇化率与常住人口城镇化率的差距明显缩小，农业转移人口市民化质量显著提升，城镇基本公共服务覆盖全部未落户常住人口。然而，当前城镇化总体进程有所放缓。从目前情况看，外出务工人数在减少，本地农民工在增加，这些本地农民工主要在老家与周边城镇来回迁移，他们进城意识淡薄，对于进城落户更是抵触，所以要实现“十四五”的城镇化目标、缩小常住人口城镇化率与户籍人口城镇化率的差距难度很大，除非国家在进城者公共服务覆盖与土地、宅基地流转等方面推行更有效的制度，否则，这些进城者不愿放弃农村土地与宅基地，不论是撂荒还是自己耕种抑或是交给熟人随意耕种，他们都会牢牢抓住它，以作为自己最后的保障。

而对于那些没有进城的农民来说，土地更是他们真正的命根子。尽管村里发展了集体经济，其收益足以保障他们在土地的经营回报，或者那些下乡的经营资本希望以远高于他们土地经营收益的费用流转他们的土地，但是他们中的很多人都不愿意放弃小规模土地的低效经营。他们的传统理想是一亩三分田，种些蔬菜果木、玉米稻谷，再喂养几口牲畜，留下自己的口粮，剩余农牧副产品再运往集市售卖换回自己所需的其他商品及生老病死所需的钱财，以维持自己低水平生存发展的需要。所以，对于这部分农民手中的土地，除了充当自然人本能的维持手段外，其开发利用价值显得格外小。

不管是进城农民工对土地的固守还是留守农民对土地的眷恋，对于乡村发展都是严重障碍。然而，农村传统的顽固与农村人思想的固执，对于流转经营开发的阻力极大，致使其进展很缓慢。只有在老一代农民逐渐退出传统农耕舞台、进城农民工在城镇有了足够的生存保障之后，土地等农村资源要素才会逐渐成规模地活跃起来。对于农业经营，受限于其自身属性，只有在其达到一定规模化经营后才可获得更大收益，才会有人或者组织参与农村土地、山林等自然资源的开发经营，不然，只会任其荒废闲置。

有人测算，如果我国农业要实现规模化与现代化发展目标，农村人口占总人口比例应在 20% 以下。我国现有 14 亿多人口，按 20% 计算，农村人口也仍然有 3 亿左右。全国耕地面积为 20.24 亿亩，未来农村人均耕地为 7.2 亩，按照农村户均人口 4 人计算，未来农村户均占有耕地大约为 28.8 亩地。如果未来达到超级发达水平，只有 10% 的人口为农村人口，未来农村人均耕地为 14.45 亩，户均耕地可达 57.8 亩，这是最大上限。目前我国农户经营规模仍然是较低规模。我国农业中户均土地规模在 40 多年来变化不是非常显著，保持在大约 0.67 公顷的水平。而且每户土地还分散在若干位置，分散为五六块甚至更多，耕种地块的经营规模更小。世界银行曾经把土地规模不到2公顷的农户定义为小土地所有者，而我们实际的水平只相当于小土地所有者的1/3。根据最近一次农业普查的数据，大约80%的农业劳动力耕种规模在0.67公顷以下，这种狭小的土地规模制约了劳动生产率提高，致使我们难以收获规模经济。

在人均耕地过少的情况下，要实现规模化收益，现有土地经营状况必须改变。华南农业大学李琴主持的关于土地适度规模经营课题组认为，要取得土地经营收益，适度扩大农地经营规模是必然趋势。如果按照2016年城镇居民人均可支配收入33616元的标准进行核算，假设农民要达到城镇居民人均纯收入水平，四口之家的农户，户均纯收入应该为134464元，如果从事纯粮食生产，需要耕地规模为户均99.75亩，也就是100亩左右；如果从事苹果生产，需要耕地规模为户均8.7亩；如果从事猕猴桃生产，需要耕地规模为户均11.2亩左右。以农户出外打工的收入为依据来推算农户经营土地的适度规模。例如，一个农户出外打工，按照平均一个月3000元收入推算，每年打工10个月，全年收入3万元，每年在外花费5000元，全年可以结余2.5万元，按照四口之家核算，家庭人均收入为6250元。与之对比，一个农户在家务农，按照北方某省的标准，每亩地如果种常规作物玉米和小麦，小麦亩产700斤，每斤1.2元，玉米亩产1000斤，每斤0.8元，每亩总收入为1640元。按照户均4亩地的标准推算，如果一个农民专业化从事农业，年收入为6540元。劳动力和土地不算成本，种子、农药和化肥按照30%的成本核算，该农户年收入为4578元，同样按照四口之家核算，家庭人均收入为1144元，还达不到国家贫困线标准。一个专业从事粮食生产的农民如果要达到略等于打工农户的收入水平需要种植21.8亩地。前边的推算相对而言比较粗糙，在计算过程中没有考虑女性劳动力的收入，假设把女性劳动力计算在内，家庭里夫妻两人同时出去打工，男性每月3000元，女性每月2500元，每年打工10个月，全年收入为55000元。由于两人共同生活有规模经济，生活费仍然按照5000元标准计算，全年净收入为5万元。在家务农的农户如果要实现这个生活标准，户均耕地至少要达到43.7亩地的规模。

农业发展、农民增收的关键仍然是通过城市化，把大量农村劳动力转移出去，把农民变成市民，在农村大力推行机械化操作，节约农业生产中的劳动力，鼓励粮食生产农户进行兼业化经营，鼓励园艺产业和畜牧业此类容易实现规模化经营的领域开展专业化经营。在那些人均土地面积比较大的地方鼓励进行专业化经营，应该是未来的出路。但是，城镇发展对于那些进城农民而言并未得到充分保障，他们尽管赚取了金钱，提高了生活品质，改变了工作思维习惯，但是其工作的底层化、边缘化、不固定化，导致他们在城镇难以安心，而保有农村土地则是他们在城镇无法立足后的最后屏障。所以，对于那些进城农民工而言，他们一开始是将自己承包的土地撂荒，后来在国家激励干预之下，才参与到流转当中来。当前的土地流转，一般呈现出四种类型：①小于 20 亩的小规模自发流转；②基于前者的较大规模流转；③数百成千亩的大规模流转；④由工商资本所主导的大规模流转。可喜的是，随着国家对土地管控的规范化以及对拥有土地农户权益的保障，越来越多的外出务工农民或者留守农民愿意将其手中的土地拿出来参与流转。

与现代农业发展的要求以及国际水平相比，中国土地经营规模仍然偏小，农业劳动生产率低。土地经营面积低于 10 亩以下的占比在 80% 以上，大多数土地还处于小规模自给自足的低效经营状态之中，对于规模化经营还有很大提升空间。湖南人均耕地面积 0.84 亩，只及全国平均水平的 60%左右，接近联合国确定的人均 0.8 亩耕地警戒线，而且其中有许多土地被外出务工者撂荒，对于湖南乃至全国粮食安全问题构成很大威胁。根据湖南省国土资源厅、省统计局的调查结果，全省耕地面积 413.50 万公顷，其中，水田和水浇地面积 330.6 万公顷，占全省耕地总面积的 79.95%；全省人均耕地 0.06 公顷，仅为全国人均耕地的 59.2%，不到世界人均水平的 1/5。因此，加速湖南城镇化进程，鼓励更多农村剩余劳动力进城，才可为湖南农村土地流转及规模化经营提供空间。湖南土地流转探索起步较早。2007 年，嘉禾县普满乡石角塘村就成为湖南第一个农田流转率达 100% 的行政村。党的十八大以后，湖南省委、省政府相继出台《关于引导农村土地经营权有序流转发展农业适度规模经营的实施意见》等一系列文件，全省农村土地流转进入加速度。到 2018 年，全省流转耕地面积达 2527 万亩，占承包地总面积的 49.6%，基本实现了农业生产由传统的“劳动力农业”向“机械化农业”转变，在有效保障农民承包土地权益的同时，大大提高了粮食规模化、集约化生产能力。这一年，湖南水稻、油菜综合机械化水平分别达到 74.6% 和 57.0%，主要农作物耕种收综合机械化率显著提高。

但是，与全国各地土地流转情势一样，湖南农民惜土、恋土情结很浓，不少农民宁愿撂荒也不愿意交给流转大户经营，甚至原先以关系为纽带盘活土地的农户也不再将土地拿出来，任其荒废或者随便种植一些作物，这为湖南的土地规模化经营带来了很大阻力。因此，加大农村剩余劳动力流动，妥善解决他们的承包地与宅基地流转力度，才能为城镇化与农村土地经营规模化、机械化、现代化创造条件。

四、理想之困

乡村振兴为返乡创业人员描绘了一幅美好的蓝图，于是很多有着农村情怀的大学生、复员军人、新农人、城镇退休干部、农民工等纷纷加入返乡创业队伍。2012—2022 年 10 年间，全国返乡入乡创业人员累计达到 1200 万人。而据早前数据显示，截至 2015 年年底，创业农民工累计注册个体工商户 2505 万个、农产品加工企业 40 多万家、休闲农业经营主体 180 万家、农民合作社 147.9 万家，其中，有 70% 是由返乡农民工创办的。

58 同镇联合清华大学社会科学学院县域治理研究中心发布的《县域创业报告》显示：返乡创业者占比过半，县域创业以家庭式创业为主，百人以上雇员企业占比不足 1%，企业整体营收 5 万 ~7 万元，80% 以上企业净盈利在 10 万元以下。从所在行业看，县域创业企业集中于批发和零售业、住宿和餐饮业、居民服务业等第三产业，这些行业与县域居民生活息息相关，大部分属于生活型服务业。同时，也有一定比例的创业者从事信息传输、计算机服务和软件业，瞄准数字化转型趋势，朝着“线上化”创业目标迈进。创业地点集中于县城的占比 57.3%，在中心城镇的占比 22.4%，在乡村创业的占比 21.3%。目前，县域创业企业大多处于初创成长，创业时间不足 3 年的占比达 57.2%。从规模看，88.6% 的企业规模在 5 人以下或无雇员，雇员 100 人以上的企业占比不到 1%。可见，由于县域创业者资源有限，因此企业规模较小、雇员较少，形态上大都以小微企业为主，且基本上属于“夫妻店”“父子店”。

而据其他相关返乡创业情况调查发现：很多创业项目并未充分利用自身在农业资源方面的优势进行创业，这可能与返乡农民工对农业相关行业并不熟悉有一定关联。返乡创业地址大多以县级及以上城市为主，占比约 65%，只有 1/3 以上的农民工返乡创业愿意选择乡镇及以下。城市虽然相对来说有一定创业优势，但这种扎堆式涌入城市创业可能既不利于创业成功，也对当前小城镇建设发展起一定抑制作用。不过，对于创业者风险规避来说，这又是较理想的选择，对于县级及以上城市的城镇化发展提供了一定机会。创业者由于自然因素不可控、技术掌握程度低、资金周转不灵、销售渠道不畅、经营管理水平低下、乡土人情关系拓展及维系不易以及对各种优惠政策吃不透等各种制约因素影响，真正能够成功者极少，大部分处于自我维持状态，能够实现盈利者不到20%。很多返乡创业者感慨返乡创业不如进城务工收入高，于是那些创业失败者大多会再次迈入进城务工行列。创业是一个看似美好实则风险极大的事，稍有不慎就会被风险掩盖。乌尔里希·贝克指出，风险项目的出现与存在具有个体化和整体性特征，返乡创业者由于对新的环境、产品、渠道、市场变化、政策调整等都存在未知，再加之个体资本不足，风险识别能力较弱，风险应对能力更弱，于是，他们在返乡创业过程中将遭遇各种风险困扰。返乡创业者较高的失败率高进一步抑制了年轻人返乡创业激情，因此，在乡村振兴背景下，农民工返乡创业以实现自我理想之路也不是那么顺畅的，这与本研究调查结果基本一致。当问及“乡村振兴战略实施后，有打算回家吗”，明确表示不会回去与回答不清楚的占比达到50%以上；只有1/4左右的被调查者会考虑回家；还有1/5多的被调查者回答说暂时会看看，其实，这部分人对回乡创业就业没有太多期待。

第五章　湖南农村劳动力流动实证检验及启示

第一节　实证分析背景

改革开放以来，中国农民身上发生了两大显著变化：一是家庭联产承包责任制大大激发了他们的生产积极性，农业剩余大为增加，农业劳动力得到极大释放。二是大规模流动，而且是长期流动。其流动的决策、过程、影响与结果，远比第一个变化带给国家、社会、家庭、个体的影响更大。他们不管是向城镇流动还是回归乡村，都遵循自身利益最大化原则，都是对人追求幸福生活的历史回应。尽管流动中存在太多心酸与苦楚，但是，那是一种幸福的阵痛，他们希望通过流动来获得更好的前程与幸福。相比于之前被户籍束缚在低效的土地上劳作，流动则给了他们新的希望与无尽期待。只是，在这种自由流动与对幸福的追求过程中，由于城乡制度的区隔、自我素能的普遍偏低，当一切现代性的工作、生活迎面扑来之时，他们难以自由抉择，很多时候只能被动接受，包括在城镇做又脏又苦又重的活，住简陋的房子。他们在城镇大多数只能身处社会底层，很难获得体面、稳定、收入较高、工作环境舒适的岗位，他们想在务工地点定居、工作、生活，但是他们在城镇只能满足最基本的生存需求，远不能实现自由发展的梦想。在城镇，他们选择不了工作，也选择不了想要的生活，进了城但是融不进去，他们带着满腔热血来城镇谋生求发展，最后大多数人只能成为城市边缘人。当他们在城镇长期无法实现向上突围时，又想起在农村那种与世无争、没有多大差距、没有太多歧视的自在日子。可是，在长期的城镇化熏陶下，他们身上所具有的一些现代性素养令他们对农村生活又格格不入，故乡似乎又成了他们的异乡。特别是年轻一代农民工，不懂务农，回到家乡连蔬菜都不会种植，更别说经营其他农作物了。原本打算回家做些其他买卖，但由于农村地域过于分散，人口稀少，几乎没有规模效益，只能勉强维持生计，甚至还不能维持自己与家人的基本开支。而且，他们在城镇的成长与工作经历，致使他们回家后与其他同龄人缺少共同语言，交流很少。这些根在农村的新生代农民工似乎成了农村的陌生人与外人。对于他们这一代人而言，回乡比进城更难。于是，他们在乡村临时歇息一阵后又踏上了进城之路，他们很多人就在这种进而返、返而又进的往返迁移中燃起希望又浇灭希望。最后，只有一部分流动者在这种往返中涅槃重生。他们在城镇抓住了一些有利机会，获得了很好的成长与发展，赚取了人生中的本金，不管是在城镇购房定居还是回乡创业，都算实现了进城最初的梦想——自由。而绝大部分人还在城乡之间频繁往返中挣扎，这部分人的命运只能寄希望于国家关于城乡政策的靶向治理及其效果。比如，给予那些在城镇务工的农民工一定的住房购房贷款扶持、城镇公共服务普及化覆盖等；对于一些立志回乡创业就业以及照顾亲人的农民工，通过优惠贷款、公益岗位提供、公益培训与指导等系列举措支持，以满足他们对流动的自由追求。

如果各级政府不能采取有效措施满足进城者或者返乡者的基本诉求，那么，他们就会遭遇像前文所述的进城之困、融城之困、返乡之困、黏土之困与理想之困等诸多困惑，进而大大抑制他们流动的积极性，以致中国城镇化发展质量不高，土地城镇化突出，半城镇化问题严重，乡村振兴缺人现象突出；进城农民流动不彻底，也给农村土地流转与规模化、现代化、机械化经营带来很大障碍，尤其是乡村振兴战略的实施本是为了城乡一体化协调发展，但是给人们留下了如此错觉：乡村未来将是很有“钱途”的地方，老家的田地、山林等资源必须牢牢抓在手里，就算在城里过得很好也不能将土地等资源交出来，即便撂荒也无所谓。在村干部给村民做工作参与土地流转时，有一些村民常常借口说有机会将回家创业或者种植一些无厘头的作物。这些人回不了农村，也不愿意在乡村振兴中作出应有贡献，反而成了农村发展的阻力。那些被乡村振兴吸引而返乡的农民工，想回家乡创业就业，但由于老家农村甚至一些县城、中心镇等地的企业经营环境不理想，许多企业兴而没落，可持续性太差，他们回乡时的激情与理想被消磨殆尽……

尽管流动农民在迁移过程中经历上述种种不堪，但是中国城镇化进程仍将主导中国社会发展的前进方向，城镇化将在未来一段时间获得更高更好的发展，城镇化也将是实现农民工对幸福追求的理想路径。在城镇工作仍是农民工获取更高收益的途径，可以享受城市现代文明的美好。不管是城镇工作的现代性加持还是城镇生活的时尚冲击与便捷性享受，都对进城者充满了无限诱惑。随着进城农民现代气息的加浓，他们的素养大大提升，自我选择能力大大增强，这为他们在城镇工作生活以实现完美人生获得了更多机会与可能。同时，随着乡村振兴工作如火如荼地开展，有志者返乡创业就业尤其是减少跨省流动而在省内或者市内、县内流动增加的现象越来越凸显，这表明家乡创业就业环境逐渐优化。对于那些在城镇难以生活下去的能力较弱者来说，回乡也是他们追求美好生活的一个好归属。城镇文明是一种现代文明，而要适应这种文明，需要有一定的学习能力与创造能力。各项资本较为缺乏的农民工中，必然有很多难以融进城镇现代文明的农民工，但是他们的生存与发展也是国家关心与照顾的应有之义，绝不可能将之弃而不管。回乡，可以弥补他们之前缺失的亲情，可以将在城镇面对的各种生存风险在农村老家得到最大化降低，尤其是有着土地命根子的支撑，他们生存的勇气大增。至少，流动之后回到自己的土地上与流动之前待在这片土地上带给他们的感觉是不一样的。以前，因为土地耕种收益太低而难以满足他们的生存需要，现在，他们有了新的思想与能力，即便不会自己耕种土地，他们也有土地流转以换取一定保障的机会。

流动，是要素的天然属性，它为了发挥自己价值的最大化，自然会为了最大化回报而选择流动的意愿、流动的方向与流动的力度。农民工进城或返乡抑或再次进城，从跨省流动到本土流动或安居在老家不再流动，都是他们作为一种要素在束缚被解除之后的自然之情。尽管他们的进城或回乡流动仍因城乡社会结构所束缚而显得迟滞或不顺畅，但是社会还是给了他们突围的机会与一定的自由，只要他们积攒了足够的力量，就有可能向上向好向美突破，就有可能去追寻自己的生活目标与自我价值。

要素的流动是追求利益最大化，作为人而言，其选择流动亦遵循利益最大化原则，其根本目的是实现自我、过上美好幸福生活。自由与幸福是人类追求的永恒主题，农民工在城乡之间往返流动，其幸福如何？根据笔者的接触与观察得知，其答案只有他们自己最清楚，因为幸福带有很强的主观性，各个流动者幸福感受不一样，进城者与返乡者都有可能感觉到幸福或不幸福。就一般客观规律而言，幸福有一定的客观衡量标准，比如理想的工作、较高的收入回报、舒适的生活、便捷的公共设施、高保障的公共服务福利、整洁的环境等，特别是与自己的身份、素养和追求相一致的工作和生活。换句话说，某个农民工对一天 200 元的收入、有独立单位住房的使用与可口饭菜的享用感觉到很幸福，而有些农民工对一天 1000 元的收入、住自己买的洋房或者吃着奢侈食品都感到不满足、不幸福。因此，在对幸福的客观条件进行定义时，还须兼顾感受者自身条件尤其是其所处环境，这样才不难理解有些进城者在务工地工作生活感到幸福，有些进城者在务工地打工赚钱然后回到老家地级市或者县城、中心镇购房照顾亲人感到幸福，有些对在老家就近务工、购房定居、过上工作生活一体化的日子也感到幸福，而有些农民工在城镇摸爬滚打了一生之后回到农村老家创业就业或者照顾亲人，直到自己静静老去依然感到很幸福……

归结起来，城市生活与乡村生活都是一种生存状态，都能给人幸福与不幸福的感觉，主要看个体自身特性、生存环境与自我感觉。

在一个曾一穷二白的农业国家搞工业化与城镇化，意味着这种蕴含着太多现代性与先进性的生产方式、文明形态对于一辈子生活在农村的中国农民有太大吸引力，他们中的大部分人渴望通过现代性的改造、改革获得新生。改革开放后，许多农民纷纷涌入城镇，往而复归，归而复往，显示城市强大的吸引韧性，而且，随着农民城镇化进程深入，第二代、第三代农民工对城镇的依附性更强，对返乡意愿基本淡化。相比于农村而言，他们在城市的工作、收入与生活对于改变自己的生存、发展状态更有价值，更能让人有幸福感知。近年来，国家推动乡村振兴，使乡村有了更多生机，农村居民的幸福感有所增强，但是总体上还是不能与城市相比，特别是新生代农民工已无法再回归乡村，故乡对于他们来说更多是异乡，显得很陌生。农村也很难留住年轻人，更多农村青年不喜欢在农村居住生活，他们渴望城市美好时尚的现代文明生活，于是，通过进城务工或者上学离开农村，他们在农村居留的意愿很弱。城镇的吸力正如前文所阐述的一样，能够满足进城者对高收入回报的追求、能够享受城市集约效应、能够享受城市现代文明并获得完美人生，所以，在今天的中国，在城市生活，无论是为了实现自己的人生价值还是希望拥有美好的工作、生活，都有着与在农村不一样的幸福体会。然而，就广大中国农民来看，他们自身的人力素能普遍较低，他们的工作、收入、居住、生活、城市公共服务享受等方面都受到很大限制，致使他们实现向上流动的概率很小。他们在刚刚进入城市的兴奋感被城市的各种差异性对待所渐渐消磨掉以后，特别是与城市居民的工作生活有明显差异感与被剥夺感之后，他们的不幸福感知越来越浓。如果通过自己的努力还不能实现很好的向上突破，不能抹平与城市居民之间的差距，他们就会被城市排斥甚至淘汰。为了自我的幸福追求，于是，回归流动就成了他们的最佳选择。在农村，至少还有他们最后的生存底线——土地保障，还有亲人，这里没有城市那么强烈的陌生与歧视感，虽然与没有进城的农民邻居仍有一定隔阂，但是这种隔阂与城市居民之间的隔阂是不一样的。而且，在农村，对于一些不适应城市的农民工来说，其生存风险要小很多。况且，随着国家乡村振兴战略的推进，城乡一体化与中西部区域均衡性发展，农村包括周边的城镇都获得了一定的重生机会，创业就业机会增多，人们的获得感增强。再者，相比长距离外出在陌生城镇工作、生活，在家门口能够实现就业、工作、生活与照顾亲人两不误，其获得感与幸福感均大大增强。

第二节　研究假设

基于上述背景分析，围绕本次研究主题，课题组将主要从农民进城流动的意愿、进城流动的方向以及来自城乡推拉的影响因素、返乡意愿及其影响因素、返乡后再次回到城市的流动情况及影响因素、乡村振兴战略实施对农民返乡的吸引力及其具体影响因素等五个方面进行实证检测，以对湖南农村劳动力流动的现状及所遵循的机理进行实证揭示，为中国农村劳动力流动提供湖南样本解读，为此，特提出如下假设。

假设 1：农民进城意愿很强烈。

假设 2：进城流动定居的主要目的地受就业机会、城市公共资源享受机会影响很大。

假设 3：返乡意愿受到个体因素、宏观因素影响很明显。

假设 4：返乡后再次进城主要受农村工作赚钱机会、农村社会环境等因素影响。

假设 5：乡村振兴战略的实施对农民进城有直接影响。

假设 5–1：乡村振兴将释放更多农村劳动力，将有更多农村劳动力参与进城流动。

假设 5–2：乡村振兴将吸引更多进城农民返乡。

假设 5–3：乡村振兴主要通过创业就业机会等因素对农民返乡形成明显引力。

第三节 数据来源与变量设定

一、数据来源

本次数据样本主要来自课题组对湖南在全国各城市、农村参与流动的农民工围绕“乡村振兴战略下农村劳动力流动意愿情况调查”所开展的问卷调查收集而成。主要利用分组随机调查与针对性调查相结合的方式开展。分组随机调查安排部分课题组成员负责带领一些硕士研究生与本科生，利用寒、暑假对湖南 14 个市州进行问卷调查。针对性调查则是主持人利用自己在湖南多个城乡地区尤其是湖南东、中、西三个区域的亲戚朋友所做的有针对性的采访调查，借此，还获得了夫妻共同流动所填写的流动意愿差异情况；同时，利用个人社会关系对部分行业比如物流行业、家政行业、金融行业以及餐饮服务行业等的湖南籍外出务工者开展有针对性的问卷调研。为了能够较为全面系统地了解湖南籍农民工流动情况，本次调查全程采用 Computer Assistant Person Interview （CAPI）系统，旨在获取一个比较全面的多层次追踪调查体系，以系统了解湖南农民工流动意愿、流动方向及对乡村振兴战略实施后的反应程度，最终为破解湖南农村劳动力流动困境并提出相应治理策略提供一定实证结果，也为中国其他省份乃至全国各地农民工在乡村振兴战略下农村劳动力流动情况及趋向提供一定实证参照。本次问卷调研一共发放问卷 1500 份，最后，通过回收及剔除部分不完整问卷，获得可以用于本次实证分析的样本数据共 1224 份，有效回收率为 81.6%。

二、变量设定

（一）因变量

由于本研究主要从流动角度解答农民工流动困境及其流动机理，为充分展示流动的自由性，不论其进城流动还是返乡或者再次进城，尤其是在乡村振兴战略下农村劳动力的流动意愿及目的，都纳入本次实证研究之中，故因变量设置将针对上述假设提出了 5 个问题。即进城流动意愿，以“相对于您的户口所在地，您有过离开家乡外出务工经历吗？”为设问，提出 7 个选项：A. 在外连续务工 10 年以上；B. 外出务工 3~10 年；C. 半年以上不到 3 年；D. 经常外出，但是也经常回老家；E. 早出晚归，在本土县市打一些短工；F. 外出过，但是不再外出了；G. 从来没有外出。将回答“ABCDEF”编码为 1，将回答“G”编码为 0，由此简化为二分变量，为后续开展二元 Logit 或者二元 Logistic 回归分析提供便利。在测量农民工向哪类城镇定居时，设置了“假设您想定居或落户城镇，您最倾向于哪一类城镇？”这一设问。本书提供了“A. 务工所在地；B. 老家省会城市；C. 老家地级市；D. 老家县城；E. 老家中心镇”等 5 个选项。为了测量外出与本地流动定居情况，课题组在处置时还将其编码为二分变量，将省外务工地流动编码为 0，省内省会、地级市、县城、中心镇等地流动编码为 1。对农民工返乡流动，设问为“您不打算在城镇永久定居，将在什么时候回农村老家？”选项为“A. 农村有了很好的创业与就业机会时；B. 赚到了一定资本之后；C. 在城镇找不到工作之后；D. 身体吃不消之后”，将选择“AB”的编码为 0，选择“CD”的编码为 1。对于返乡后是否愿意再次进城的设问，提问“您回到农村后还会继续回城镇工作生活吗？”回答提供了 3 个选项：会、不会、说不准。最后，就乡村振兴战略实施下进城者是否愿意返乡设问“国家推行了系列乡村振兴的优惠扶持政策，您打算回家吗？”提供了 4 个选项：回家、暂时回去看看、不会、还未考虑清楚。

（二）自变量

针对各个因变量，围绕一些关键因素设置了相应自变量。就农民工进城流动或者定居影响因素提取的自变量，本书主要考察他们的个体人力资本（年龄、文化程度、培训技能）、自然土地资本拥有情况、工作情况（务工经历、工作岗位、岗位更换）、进城途径便捷情况等，城镇本身的优势及其吸引力未纳入。对于那些进城农民工朋友而言，主要基于城镇化内在引力作为其潜在客观存在因素，无须过多考量。就农民工选择向哪些城镇进城工作生活时的考虑因素，本书设置了就业机会、教育、医疗、生活便利、城市环境、当地较好的现代文明等因素。对农民工返乡的影响因素，主要考虑了年纪、田地、农村好的政策、照顾亲人、生活自在、城镇保障缺失等因素。对于再次返回城镇的原因分析，主要从农村就业机会缺乏、不会干农活、很孤独、习惯城镇生活等方面予以考量。针对乡村振兴战略对农民工返乡的吸引，主要考虑了创业、家门口就业、居家养老、照顾亲人等因素。

（三）其他解释变量

主要对性别、婚姻、家庭成员、住房拥有情况进行一定控制检测。

第四节　实证分析与结论启示

一、各个变量的描述性统计结果

（一）一般控制变量描述性统计结果

1. 性别

表 5-1　调查对象性别

		频率	百分比 /%	有效百分比 /%	累积百分比 /%
有效	男	726	59.3	59.3	59.3
	女	498	40.7	40.7	100.0
	总计	1224	100.0	100.0	

如表 5–1 所示，在这次调查样本中，男性占了近 60%，这与调研者主要为男性有关。因为男性调研者在开展随机或者结构性针对访谈时，一般倾向于与男性被访者进行交流，而且，就流动者而言，这样的性别结构与整体流动者以男性为主是基本相吻合的，所以性别构成符合本次实证分析。

2. 年龄

表 5-2　调查对象年龄情况表

		频率	百分比 /%	有效百分比 /%	累积百分比 /%
有效	18~30 岁	486	39.7	39.9	39.9
	31~45 岁	564	46.1	46.3	86.2
	46~60 岁	126	10.3	10.3	96.6
	61 岁以上	42	3.4	3.4	100.0
	总计	1218	99.5	100.0	
缺失	系统	6	0.5		
总计		1224	100.0		

如表 5–2 所示，被访者年龄结构大多数是 45 岁以下的青壮年农民工，占到了 86.2%。此年龄段的农民工一般也被称为第二代与第三代农民工，他们对进城与返乡流动的态度均与老一辈不同，更加利于了解当代农民工进城落户定居务工及乡村振兴下返乡创业就业的真实意愿，更具有针对性。

3. 婚姻状况

表 5-3　调查对象婚姻状况

		频率	百分比 /%	有效百分比 /%	累积百分比 /%
有效	已婚	738	60.3	60.6	60.6
	未婚	432	35.3	35.5	96.1
	离异	48	3.9	3.9	100.0
	总计	1218	99.5	100.0	
缺失	系统	6	0.5		
总计		1224	100.0		

本次调查对象已婚者占了大多数，达到了 60.6%（见表 5–3）。已婚夫妻对本次调查内容的回答有着不一样的结果，对于深挖夫妻迁移流动的特性及解决对策有相当的启示。有部分是离异者，这些离异者大多对进城或者返乡缺乏一种积极的态度，回答说“不清楚”的情况较多。

4. 务工所在地

表 5-4　调查对象务工地分布

		频率	百分比 /%	有效百分比 /%	累积百分比 /%
有效	大城市	240	19.6	20.1	20.1
	中等城市	516	42.2	43.2	63.3
	小城市	216	17.6	18.1	81.4
	镇	78	6.4	6.5	87.9
	乡村	144	11.8	12.1	100.0
	总计	1194	97.5	100.0	
缺失	系统	30	2.5		
总计		1224	100.0		

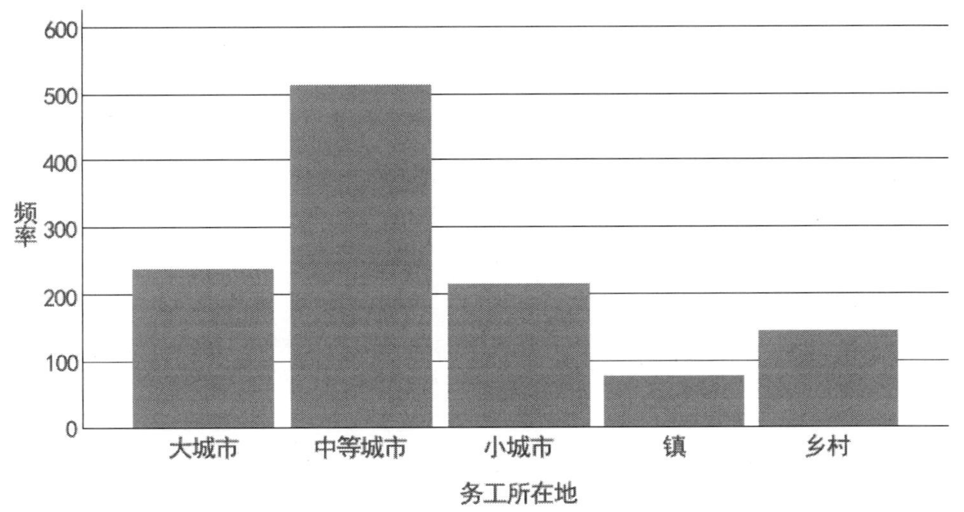

图 5-1　调查对象务工地分布情况

外出务工还是以大中城市为主，占到了63.3%（见表5–4、图5–1），表明这些城市就业机会多，能够容纳更多农民工，是农民工进城的首选目的地。在小城市就业务工的农民工占比也将近20%，说明一些农民工有可能在老家小城市主要是县级市定居就业或在老家附近的城乡之间往返流动。

5. 所从事的行业

表5-5　调查对象目前从事行业

		频率	百分比/%	有效百分比/%	累积百分比/%
有效	农业	120	9.8	9.9	9.9
	建筑业	138	11.3	11.4	21.3
	制造业	318	26.0	26.2	47.5
	批发零售业	60	4.9	5.0	52.5
	居民服务/消费和其他服务业	168	13.7	13.9	66.3
	交通运输/仓储和邮政业	42	3.4	3.5	69.8
	住宿和餐饮业	66	5.4	5.4	75.2
	其他	300	24.5	24.8	100.0
	总计	1212	99.0	100.0	
缺失	系统	12	1.0		
总计		1224	100.0		

行业分布与国家统计局发布的《2022年农民工监测调查报告》结果基本一致（见表5–5），除了从事第一产业的占比较多，达到近1/10以外，其他行业中二者就业基本相同。这次调查中发现第一产业就业人数较多的情况，是由于国家统计局的调查对象主要是流动外出的农民工，包括本地流动与跨省流动的农民工，这部分农民工就业基本脱离了第一产业，因此他们只有近0.5%的人从事第一产业，而本次调查对象除了在外务工的农民工之外，还有在家的农民以及务工后留在老家的农民工，因此他们选择第一产业的会多一些。

（二）因变量描述性统计结果

1. 进城意愿

表5-6　离乡外出经历

		频率	百分比/%	有效百分比/%	累积百分比/%
有效	连续在外务工10年以上	318	26.0	26.4	26.4
	外出务工3~10年	354	28.9	29.4	55.7
	半年以上不到3年	144	11.8	11.9	67.7
	经常外出，但是也经常回老家	192	15.7	15.9	83.6
	早出晚归，在本土县市打一些短工	24	2.0	2.0	85.6
	外出过，但是不再外出了	54	4.4	4.5	90.0
	从来没有外出	120	9.8	10.0	100.0
	总计	1206	98.5	100.0	

续表

		频率	百分比 /%	有效百分比 /%	累积百分比 /%
缺失	系统	18	1.5		
总计		1224	100.0		

进城者务工经历在三年以上的占大多数，还有一部分选择了“经常外出，但是也经常回老家”，这部分农民工可以纳入三年以上进城群体之中，因此，该部分农民工占到了 70% 以上，他们有进城强烈意愿（见表 5–6）。

2. 您最趋向于在哪类城镇定居或者落户

表 5-7　倾向于哪一类城镇定居

		频率	百分比 /%	有效百分比 /%	累积百分比 /%
有效	务工所在地	414	33.8	34.5	34.5
	老家省会城市	312	25.5	26.0	60.5
	老家地级市	180	14.7	15.0	75.5
	老家县城	174	14.2	14.5	90.0
	老家中心镇	120	9.8	10.0	100.0
	总计	1200	98.0	100.0	
缺失	系统	24	2.0		
总计		1224	100.0		

在回答倾向于哪一类城镇定居或者落户时，回答在务工所在城镇定居的比例最高，占 34.5%，其次是老家省会城市为 26.0%，老家地级市与老家县城合计占到了近 30%（见表 5–7），表明外出务工者首先希望在务工地定居工作生活。根据前面的分析得知，农民工务工所在地一般是大中城市，他们倾向于在大中城市定居工作生活，而且他们也习惯了在这些城镇工作生活，如果能够在工作地定居，就不会像部分农民工在老家以外的城镇务工，赚了钱后再回到老家省会城市、地级市或者县城、中心镇等，这样的生活还是不方便。另外，26% 的在外务工者选择回老家省会城市定居，表明省会城市在吸引农村劳动力方面具有一定优势：一是规模优势；二是工作优势；三是地域习俗优势；四是公共服务优势特别是教育资源、医疗资源优势。而近年来，随着家乡地级市、县级市的发展，就业机会增多，而阻碍农民工在务工地定居最大的因素——房价在这些地区几乎不再成为难题，于是，在地级市和县城购买住房定居的农民工多了起来，其占比几乎达到了 30%，而且，这种倾向越来越明显。加之这些地区实施各种购房定居落户优惠政策，更推动了农民工向这些城镇流动定居。

3. 打算什么时候回农村老家

表 5-8　打算什么时候回农村老家

		频率	百分比 /%	有效百分比 /%	累积百分比 /%
有效	农村有了很好的创业与就业机会时	468	38.2	39.4	39.4
	赚到了一定资本后	402	32.8	33.8	73.2
	在城镇找不到工作之后	66	5.4	5.6	78.8
	身体吃不消之后	252	20.6	21.2	100.0
	总计	1188	97.1	100.0	
缺失	系统	36	2.9		
总计		1224	100.0		

在回答回农村老家的问题时，最多的是只要农村有机会，农民工还是愿意选择回老家（见表 5–8）。当然，至于回老家哪里，正如上面所述及的老家省会城市、地级市、县城或者中心镇等都是他们回去谋求自我发展的归属。

4. 回农村后还会再次返回城镇工作、生活吗

表 5-9　回农村后是否会再进城

		频率	百分比 /%	有效百分比 /%	累积百分比 /%
有效	会	330	27.0	27.6	27.6
	不会	234	19.1	19.6	47.2
	说不准	630	51.5	52.8	100.0
	总计	1194	97.5	100.0	
缺失	系统	30	2.5		
总计		1224	100.0		

在回答返回城镇的问题时，过半回答“说不准”(见表 5–9)，表明农民工对在城乡之间流动越来越具有随机理性。他们并未像改革开放之初农民工进城那么坚决，那时的农民在农村很苦，没有其他生计可谋，只有选择外出。现在的他们经过了一段时间的进城工作生活，有些人逐渐适应下来；也而有些人仍处于不确定性困扰中，尤其是工作居住地的不稳定，致使他们无法对在城镇定居工作生活作出明晰决断。而且，随着国家对农村的重视，家乡环境渐渐好转特别是老家县城、中心镇等地有了相当大的发展，一些产业向这些地区转移，给当地增加了很多就业机会，所以，他们在权衡城镇与农村老家好坏时虽然犹豫不决但是确实显示了他们的利益计算理性化而不是盲目化，更凸显了他们对进城还是返乡流动的本质——追求美好生活，实现完美人生。回答“会”的比例则将近 30%，说明回而复返的农民工也不少，反映了当前农村相比于城镇还是有诸多无奈，特别是工作机会、生活环境还无法跟城镇相比，进城流动还是主流。

5. 乡村振兴战略实施后，打算回家吗

表 5-10 乡村振兴推动下，是否打算回家

		频率	百分比 /%	有效百分比 /%	累积百分比 /%
有效	回家	324	26.5	26.7	26.7
	暂时回去看看	276	22.5	22.8	49.5
	不会	258	21.1	21.3	70.8
	还未考虑清楚	354	28.9	29.2	100.0
	总计	1212	99.0	100.0	
缺失	系统	12	1.0		
总计		1224	100.0		

在考察"乡村振兴战略实施后，打算回家吗"时，回答"回家"以及"暂时回去看看"的比例刚接近一半（见表 5–10），表明乡村振兴战略的实施对吸引进城农民工返乡虽有一定效果但还不明显，也与本书关于流动的主要界定"向城镇流动为主流"是一致的。有意思的是，回答"不会"的人数占了 1/5 多，在他们看来，乡村振兴给予他们的影响不明显。可能这部分人已习惯了在城镇的工作生活。

（三）自变量描述性统计结果

1. 进城流动的影响因素

（1）资本拥有情况

表 5-11 被调查者资本拥有情况

	数量	最小值	最大值	均值	标准偏差
文化程度	1164	1	4	2.48	1.017
耕地拥有情况	1188	1	4	2.28	0.932
技能培训	1212	1	4	2.98	1.095
找工作途径	1206	1	5	2.32	1.526
有效个案数（成列）	1128				

（2）进城流动考虑的因素

表 5-12 进城流动考虑的因素

	数量	最小值	最大值	均值	标准偏差
熟人对在城市务工有影响吗	1206	1	3	2.46	0.662
在农村看不到任何希望	1212	0	1	0.27	0.443
向往城镇美好生活	1212	0	1	0.27	0.443
外出赚钱以解家里急用	1212	0	1	0.15	0.361
把孩子带出去接受好的教育与生活环境	1212	0	1	0.23	0.420
赚了足够多的钱之后，改善老家住房	1212	0	1	0.19	0.391
积累资本，回家做点小生意	1212	0	1	0.21	0.410
其他	1212	0	1	0.15	0.361
有效个案数（成列）	1200				

2. 影响向哪类城镇定居的因素

表 5-13　影响城镇类型定居的因素

	数量	最小值	最大值	均值	标准偏差
当地就业机会多	1194	0	1	0.44	0.496
学校教育质量高	1194	0	1	0.36	0.481
当地看病方便放心	1194	0	1	0.19	0.393
环境整洁	1194	0	1	0.13	0.337
生活便利	1194	0	1	0.38	0.485
可以享受当地较好的现代文明	1194	0	1	0.20	0.397
有效个案数（成列）	1194				

3. 影响离城返乡流动的因素

表 5-14　影响离城返乡流动的因素

	数量	最小值	最大值	均值	标准偏差
农村老家是根，老了自然要回老家	1158	0	1	0.49	0.500
农村有田有房，生活有保障	1158	0	1	0.15	0.352
国家对农村的政策越来越好	1158	0	1	0.29	0.454
有老人孩子需要照顾	1158	0	1	0.18	0.385
生活轻松自在	1158	0	1	0.16	0.362
城镇工作生活无保障	1158	0	1	0.05	0.222
其他	1158	0	1	0.08	0.268
有效个案数（成列）	1158				

4. 返乡后再次向城镇流动的影响因素

表 5-15　影响再次返回城镇的因素

		频率	百分比 /%	有效百分比 /%	累积百分比 /%
有效	农村没有赚钱的机会	408	33.3	34.2	34.2
	不会干农活	132	10.8	11.1	45.2
	很难与以前的邻居沟通、相处，很孤独	36	2.9	3.0	48.2
	更习惯城镇工作、生活	402	32.8	33.7	81.9
	其他	216	17.6	18.1	100.0
	总计	1194	97.5	100.0	
缺失	系统	30	2.5		
总计		1224	100.0		

5. 乡村振兴战略实施后回乡的目的

表 5-16　乡村振兴战略实施后回乡的目的

创业					
		频率	百分比 /%	有效百分比 /%	累积百分比 /%
有效	否	780	63.7	64.4	64.4
	是	432	35.3	35.6	100.0
	总计	1212	99.0	100.0	
缺失	系统	12	1.0		
总计		1224	100.0		

续表

家门口就业					
		频率	百分比 /%	有效百分比 /%	累积百分比 /%
有效	否	858	70.1	70.8	70.8
	是	354	28.9	29.2	100.0
	总计	1212	99.0	100.0	
缺失	系统	12	1.0		
总计		1224	100.0		
扶助孩子、老人					
		频率	百分比 /%	有效百分比 /%	累积百分比 /%
有效	否	840	68.6	69.3	69.3
	是	372	30.4	30.7	100.0
	总计	1212	99.0	100.0	
缺失	系统	12	1.0		
总计		1224	100.0		
居家养老					
		频率	百分比 /%	有效百分比 /%	累积百分比 /%
有效	否	948	77.5	78.2	78.2
	是	264	21.6	21.8	100.0
	总计	1212	99.0	100.0	
缺失	系统	12	1.0		
总计		1224	100.0		

二、信效度检验

（一）信度分析

信度分析用于检验问卷的稳定性和可靠性。决定信度高低的核心原理是题目之间的相关性。同等条件下题项数目对信度也有影响，题目数量越多，信度会越高。反映测量工具的稳定性或可靠性，常用信度系数表示。信度分为内在信度（克隆巴赫系数和折半信度）和外在信度（重测信度）。信度取值范围 0~1。一般而言，如果量表信度系数低于 0.6，则此量表调查结果不可信；信度系数在 0.7 以上，说明量表的信度良好；信度系数在 0.8 以上，说明量表的信度好；信度系数在 0.9 以上，说明量表的信度较好。本研究克隆巴赫系数为 0.875，如表 5-17 所示，其可信度是可以作为问卷进行实证分析的。

表 5-17　可靠性统计

可靠性统计		
克隆巴赫系数	基于标准化项的克隆巴赫系数	项数
0.819	0.875	87

（二）效度分析

效度分析指尺度量表达到测量指标准确程度的分析，主要利用因子分析测量量表或整个问卷结构效度。通过因子分析可以考察问卷是否能够测量出研究者设计问卷时假设的某种结构。在对进城流动及定居城镇、返乡、再进城与在乡村振兴战略下返乡的影响因素进行效度分析时，得出如下监测结果：KMO 系数达到了 0.735，表明效度性还可以（见表 5–18）。

表 5-18　效度分析统计

KMO 和巴特利特检验		
KMO 取样适切性量数		0.735
巴特利特球形度检验	近似卡方	42544.539
	自由度	3741
	显著性	0.000

三、实证分析结果

（一）个体特征对各因变量的回归结果

表 5-19　农民工个体特征对各因变量回归结果统计

系数 a								
模型		未标准化系数		标准化系数	t	显著性	B 的 95.0% 置信区间	
B		标准错误	Beta			下限	上限	
1	（常量）	1.910	0.260		7.349	0.000	1.400	2.420
	性别	0.192	0.064	0.076	3.013	0.003	0.067	0.317
	年龄	0.538	0.054	0.332	9.976	0.000	0.432	0.644
	文化程度	0.282	0.039	0.231	7.211	0.000	0.205	0.358
	婚姻状况	-0.067	0.063	-0.031	-1.076	0.282	-0.190	0.055
	耕地拥有情况	-0.144	0.035	-0.108	-4.122	0.000	-0.213	-0.076
	技能培训	0.160	0.029	0.143	5.521	0.000	0.103	0.216
a. 因变量—务工所在地								

系数 a								
模型		未标准化系数		标准化系数	t	显著性	B 的 95.0% 置信区间	
B		标准错误	Beta			下限	上限	
1	（常量）	3.634	0.325		11.166	0.000	2.996	4.273
	性别	0.151	0.080	0.055	1.890	0.059	-0.006	0.308
	年龄	-0.084	0.069	-0.046	-1.219	0.223	-0.219	0.051
	文化程度	0.362	0.049	0.270	7.402	0.000	0.266	0.458
	婚姻状况	0.085	0.078	0.036	1.089	0.276	-0.068	0.239
	耕地拥有情况	-0.317	0.044	-0.215	-7.166	0.000	-0.404	-0.230
	技能培训	0.069	0.037	0.056	1.877	0.051	-0.003	0.141
a. 因变量—倾向在哪一类城镇定居								

续表

系数 a

模型		未标准化系数		标准化系数	t	显著性	B 的 95.0% 置信区间	
B		标准错误	Beta			下限	上限	
1	（常量）	2.220	0.251		8.836	0.000	1.727	2.713
	年龄	0.064	0.058	0.042	1.100	0.272	-0.050	0.179
	文化程度	0.225	0.042	0.202	5.412	0.000	0.144	0.307
	耕地拥有情况	0.077	0.037	0.063	2.062	0.039	0.004	0.150
	技能培训	0.009	0.031	0.009	0.305	0.031	0.051	0.069
	婚姻状况	0.086	0.066	0.044	1.309	0.191	-0.043	0.215

a. 因变量—什么时候回农村老家

数 a

模型		未标准化系数		标准化系数	t	显著性	B 的 95.0% 置信区间	
B		标准错误	Beta			下限	上限	
1	（常量）	2.557	0.194		13.164	0.000	2.176	2.938
	年龄	-0.079	0.045	-0.069	-1.763	0.028	-0.166	0.009
	文化程度	-0.137	0.033	-0.160	-4.191	0.000	-0.202	-0.073
	耕地拥有情况	0.024	0.029	0.026	0.831	0.406	-0.033	0.081
	技能培训	0.020	0.024	0.025	0.827	0.409	-0.027	0.067
	婚姻状况	0.020	0.052	0.013	0.389	0.697	-0.081	0.122

a. 因变量—回农村后还会回到城镇吗

系数 a

模型		未标准化系数		标准化系数	t	显著性	B 的 95.0% 置信区间	
B		标准错误	Beta			下限	上限	
1	（常量）	2.478	0.264		9.390	0.000	1.960	2.996
	年龄	-0.200	0.061	-0.129	-3.301	0.001	-0.318	-0.081
	文化程度	-0.016	0.043	-0.013	-0.359	0.719	-0.101	0.069
	耕地拥有情况	-0.062	0.039	-0.049	-1.583	0.114	-0.139	0.015
	技能培训	0.112	0.032	0.105	3.467	0.001	0.048	0.175
	婚姻状况	0.183	0.071	0.088	2.582	0.010	0.044	0.323

a. 因变量—有打算回家吗

（二）各自变量对因变量的回归结果

1. 影响农民工进城务工的 Logistical 多元回归因素实证结果

表 5-20　农民工进城务工的 Logistical 多元回归结果

务工所在地 a		B	标准错误	瓦尔德	自由度	显著性	Exp(B)下限	Exp(B) 的 95% 置信区间	
								上限	
大城市	截距	1.999	0.478	17.473	1	0.000			
	[向往城镇美好生活 =0]	-1.235	0.343	12.997	1	0.000	0.291	0.149	0.569
	[向往城镇美好生活 =1]	0b	.	.	0	.	.	.	.
	[外出赚钱以解家里急用 =0]	0.846	0.281	9.041	1	0.003	2.330	1.343	4.044
	[外出赚钱以解家里急用 =1]	0b	.	.	0	.	.	.	.
	[把孩子带出去接受好的教育与生活环境 =0]	-0.086	0.248	0.120	1	0.729	0.918	0.565	1.491
	[把孩子带出去接受好的教育与生活环境 =1]	0b	.	.	0	.	.	.	.
	[赚了足够多的钱之后，改善老家住房 =0]	-0.621	0.281	4.897	1	0.027	0.537	0.310	0.931
	[赚了足够多的钱之后，改善老家住房 =1]	0b	.	.	0	.	.	.	.
	[积累资本，回家做点小生意 =0]	-0.790	0.275	8.271	1	0.004	0.454	0.265	0.778
	[积累资本，回家做点小生意 =1]	0b	.	.	0	.	.	.	.
中等城市	截距	1.320	0.479	7.582	1	0.006			
	[向往城镇美好生活 =0]	-1.565	0.323	23.434	1	0.000	0.209	0.111	0.394
	[向往城镇美好生活 =1]	0b	.	.	0	.	.	.	.
	[外出赚钱以解家里急用 =0]	0.717	0.240	8.904	1	.003	2.048	1.279	3.278
	[外出赚钱以解家里急用 =1]	0b	.	.	0	.	.	.	.
	[把孩子带出去接受好的教育与生活环境 =0]	0.357	0.227	2.471	1	0.116	1.429	.916	2.231
	[把孩子带出去接受好的教育与生活环境 =1]	0b	.	.	0	.	.	.	.
	[赚了足够多的钱之后，改善老家住房 =0]	0.711	0.282	6.370	1	0.012	2.036	1.172	3.537
	[赚了足够多的钱之后，改善老家住房 =1]	0b	.	.	0	.	.	.	.
	[积累资本，回家做点小生意 =0]	-0.289	.263	1.213	1	0.271	0.749	0.448	1.253
	[积累资本，回家做点小生意 =1]	0b	.	.	0	.	.	.	.

续表

务工所在地 a		B	标准错误	瓦尔德	自由度	显著性	Exp(B) 下限	Exp(B) 的 95% 置信区间	
								上限	
小城市	截距	1.998	0.483	17.124	1	0.000			
	[向往城镇美好生活 =0]	-1.827	0.339	29.069	1	0.000	0.161	0.083	0.313
	[向往城镇美好生活 =1]	0b	.	.	0	.	.	.	.
	[外出赚钱以解家里急用 =0]	0.289	0.270	1.140	1	0.286	1.335	0.786	2.268
	[外出赚钱以解家里急用 =1]	0b	.	.	0	.	.	.	.
	[把孩子带出去接受好的教育与生活环境 =0]	-0.063	0.252	0.063	1	0.801	0.939	0.573	1.537
	[把孩子带出去接受好的教育与生活环境 =1]	0b	.	.	0	.	.	.	.
	[赚了足够多的钱之后，改善老家住房 =0]	0.036	0.302	0.014	1	0.906	1.036	0.573	1.874
	[赚了足够多的钱之后，改善老家住房 =1]	0b	.	.	0	.	.	.	.
	[积累资本，回家做点小生意 =0]	-0.416	0.292	2.027	1	0.155	0.660	0.372	1.170
	[积累资本，回家做点小生意 =1]	0b	.	.	0	.	.	.	.
镇	截距	0.058	0.638	0.008	1	0.928			
	[向往城镇美好生活 =0]	-1.464	0.396	13.687	1	0.000	0.231	0.107	0.502
	[向往城镇美好生活 =1]	0b	.	.	0	.	.	.	.
	[外出赚钱以解家里急用 =0]	0.529	0.377	1.973	1	0.160	1.698	0.811	3.555
	[外出赚钱以解家里急用 =1]	0b	.	.	0	.	.	.	.
	[把孩子带出去接受好的教育与生活环境 =0]	0.636	0.375	2.881	1	0.090	1.889	0.906	3.939
	[把孩子带出去接受好的教育与生活环境 =1]	0b	.	.	0	.	.	.	.
	[赚了足够多的钱之后，改善老家住房 =0]	-0.693	0.348	3.960	1	0.047	0.500	0.253	0.990
	[赚了足够多的钱之后，改善老家住房 =1]	0b	.	.	0	.	.	.	.
	[积累资本，回家做点小生意 =0]	0.161	0.400	0.161	1	0.688	1.174	.536	2.572
	[积累资本，回家做点小生意 =1]	0b	.	.	0	.	.	.	.
a. 参考类别为：^1									
b. 此参数冗余，因此设置为 0									

2. 影响城镇定居意愿的 Logistical 多元回归因素实证分析（表 5-21）

表 5-21　影响农民工定居哪类城镇的 Logistical 多元回归结果表

倾向在哪一类城镇定居 a		B	标准错误	瓦尔德	自由度	显著性	Exp(B) 下限	Exp(B) 的 95% 置信区间	
								上限	
务工所在地	截距	1.467	0.378	15.084	1	0.000			
	[当地就业机会多 =0]	-1.453	0.250	33.743	1	0.000	0.234	0.143	0.382
	[当地就业机会多 =1]	0b	.	.	0	.	.	.	.
	[孩子上学质量高 =0]	-0.496	0.240	4.288	1	0.038	0.609	0.381	0.974
	[孩子上学质量高 =1]	0b	.	.	0	.	.	.	.
	[当地看病方便放心 =0]	1.322	0.261	25.579	1	0.000	3.750	2.247	
	[当地看病方便放心 =1]	0b	.	.	0	.	.	.	.
	[环境整洁 =0]	0.094	0.361	0.068	1	0.795	1.099	0.541	2.229
	[环境整洁 =1]	0b	.	.	0	.	.	.	.
	[生活便利 =0]	0.223	0.241	0.859	1	0.354	1.250	0.780	2.002
	[生活便利 =1]	0b	.	.	0	.	.	.	.
	[可以享受当地较好的现代文明 =0]	-0.381	0.326	1.367	1	0.042	0.683	0.361	1.294
	[可以享受当地较好的现代文明 =1]	0b	.	.	0	.	.	.	.
老家省会城市	截距	1.354	0.385	12.387	1	0.000			
	[当地就业机会多 =0]	-1.095	0.256	18.274	1	0.000	0.335	0.203	0.553
	[当地就业机会多 =1]	0b	.	.	0	.	.	.	.
	[孩子上学质量高 =0]	-0.706	0.241	8.567	1	0.003	0.493	0.307	0.792
	[孩子上学质量高 =1]	0b	.	.	0	.	.	.	.
	[当地看病方便放心 =0]	0.823	0.255	10.438	1	0.001	2.278	1.382	3.754
	[当地看病方便放心 =1]	0b	.	.	0	.	.	.	.
	[环境整洁 =0]	0.490	0.384	1.625	1	0.202	1.632	0.769	3.463
	[环境整洁 =1]	0b	.	.	0	.	.	.	.
	[生活便利 =0]	0.404	0.248	2.648	1	0.104	1.497	0.921	2.434
	[生活便利 =1]	0b	.	.	0	.	.	.	.
	[可以享受当地较好的现代文明 =0]	-0.672	0.329	4.174	1	0.041	0.511	0.268	0.973
	[可以享受当地较好的现代文明 =1]	0b	.	.	0	.	.	.	.

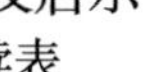

续表

倾向在哪一类城镇定居 a		B	标准错误	瓦尔德	自由度	显著性	Exp(B) 下限	Exp(B) 的 95% 置信区间	
								上限	
老家地级市	截距	-0.375	0.494	0.576	1	0.448			
	[当地就业机会多 =0]	-0.061	0.293	0.043	1	0.835	0.941	0.530	1.672
	[当地就业机会多 =1]	0b	.	.	0	.	.	.	.
	[孩子上学质量高 =0]	-0.978	0.260	14.140	1	0.000	0.376	0.226	0.626
	[孩子上学质量高 =1]	0b	.	.	0	.	.	.	.
	[当地看病方便放心 =0]	0.864	0.276	9.841	1	0.002	2.374	1.383	4.074
	[当地看病方便放心 =1]	0b	.	.	0	.	.	.	.
	[环境整洁 =0]	-0.240	0.390	0.377	1	0.539	0.787	0.366	1.691
	[环境整洁 =1]	0b	.	.	0	.	.	.	.
	[生活便利 =0]	0.032	0.263	0.015	1	0.903	1.033	0.617	1.728
	[生活便利 =1]	0b	.	.	0	.	.	.	.
	[可以享受当地较好的现代文明 =0]	1.091	0.431	6.420	1	0.011	2.978	1.280	6.926
	[可以享受当地较好的现代文明 =1]	0b	.	.	0	.	.	.	.
老家县城	截距	-1.098	0.580	3.577	1	0.059			
	[当地就业机会多 =0]	-0.154	0.299	0.264	1	0.607	0.858	0.477	1.541
	[当地就业机会多 =1]	0b	.	.	0	.	.	.	.
	[孩子上学质量高 =0]	0.350	0.282	1.536	1	0.215	1.419	0.816	2.467
	[孩子上学质量高 =1]	0b	.	.	0	.	.	.	.
	[当地看病方便放心 =0]	0.410	0.284	2.085	1	0.149	1.507	0.864	2.628
	[当地看病方便放心 =1]	0b	.	.	0	.	.	.	.
	[环境整洁 =0]	2.083	0.559	13.904	1	0.000	8.031	2.687	24.005
	[环境整洁 =1]	0b	.	.	0	.	.	.	.
	[生活便利 =0]	-0.268	0.267	1.012	1	0.314	0.765	0.454	1.290
	[生活便利 =1]	0b	.	.	0	.	.	.	.
	[可以享受当地较好的现代文明 =0]	-0.938	0.360	6.783	1	0.009	0.391	0.193	0.793
	[可以享受当地较好的现代文明 =1]	0b	.	.	0	.	.	.	.
a. 参考类别为：^1									
b. 此参数冗余，因此设置为 0									

3. 返乡后影响再次回到城镇的 Logistical 多元回归因素实证分析

表 5-22　返乡后影响再次回到城镇的 Logistical 多元回归结果表

回乡村后还会返回城镇吗 a		B	标准错误	瓦尔德	自由度	显著性	Exp(B) 下限	Exp(B) 的 95% 置信区间	
								上限	
会	截距	0.090	0.305	0.087	1	0.767			
	[在农村看不到任何希望 =0]	0.196	0.167	1.384	1	0.239	1.216	0.878	1.686
	[在农村看不到任何希望 =1]	0b	.	.	0	.	.	.	.
	[向往城镇美好生活 =0]	-0.930	0.157	35.253	1	0.000	0.395	0.290	0.536
	[向往城镇美好生活 =1]	0b	.	.	0	.	.	.	.
	[外出赚钱以解家里急用 =0]	0.360	0.203	3.140	1	0.036	1.434	0.963	2.136
	[外出赚钱以解家里急用 =1]	0b	.	.	0	.	.	.	.
	[把孩子带出去接受好的教育与生活环境 =0]	-0.347	0.163	4.532	1	0.033	0.706	0.513	0.973
	[把孩子带出去接受好的教育与生活环境 =1]	0b	.	.	0	.	.	.	.
	[赚了足够多的钱之后，改善老家住房 =0]	0.110	0.187	0.349	1	0.555	1.117	0.775	1.610
	[赚了足够多的钱之后，改善老家住房 =1]	0b	.	.	0	.	.	.	.
	[积累资本，回家做点小生意 =0]	-0.447	0.171	6.843	1	0.009	0.640	0.458	0.894
	[积累资本，回家做点小生意 =1]	0b	.	.	0	.	.	.	.
不会	截距	-1.965	0.460	18.258	1	0.000			
	[在农村看不到任何希望 =0]	0.080	0.180	0.195	1	0.659	1.083	0.761	1.541
	[在农村看不到任何希望 =1]	0b	.	.	0	.	.	.	.
	[向往城镇美好生活 =0]	-0.373	0.184	4.092	1	0.043	0.689	0.480	0.988
	[向往城镇美好生活 =1]	0b	.	.	0	.	.	.	.
	[外出赚钱以解家里急用 =0]	0.589	0.244	5.842	1	0.016	1.802	1.118	2.905
	[外出赚钱以解家里急用 =1]	0b	.	.	0	.	.	.	.
	[把孩子带出去接受好的教育与生活环境 =0]	0.347	0.208	2.776	1	0.096	1.415	0.941	2.128
	[把孩子带出去接受好的教育与生活环境 =1]	0b	.	.	0	.	.	.	.
	[赚了足够多的钱之后，改善老家住房 =0]	0.207	0.216	0.917	1	0.338	1.230	0.805	1.878
	[赚了足够多的钱之后，改善老家住房 =1]	0b	.	.	0	.	.	.	.
	[积累资本，回家做点小生意 =0]	0.304	0.217	1.958	1	0.162	1.355	0.885	2.073
	[积累资本，回家做点小生意 =1]	0b	.	.	0	.	.	.	.
a. 参考类别为：^1									
b. 此参数冗余，因此设置为 0									

4. 乡村振兴战略实施后影响回流的 Logistical 多元回归因素实证分析

表 5-23　乡村振兴战略实施后影响回流的 Logistical 多元回归结果

有打算回家吗 a		B	标准错误	瓦尔德	自由度	显著性	Exp(B) 下限	Exp(B) 的 95% 置信区间	
								上限	
回家	截距	-0.797	0.352	5.111	1	0.024			
	[创业 =0]	0.156	0.184	0.717	1	0.397	1.169	0.815	1.677
	[创业 =1]	0b	.	.	0	.	.	.	.
	[家门口就业 =0]	0.350	0.191	3.357	1	0.027	1.420	0.976	2.065
	[家门口就业 =1]	0b	.	.	0	.	.	.	.
	[扶助孩子 =0]	0.036	0.185	0.038	1	0.846	1.036	0.722	1.488
	[扶助孩子 =1]	0b	.	.	0	.	.	.	.
	[居家养老 =0]	0.469	0.192	5.947	1	.015	1.599	1.097	2.332
	[居家养老 =1]	0b	.	.	0	.	.	.	.
暂时回去看看	截距	-0.851	0.368	5.351	1	0.021			
	[创业 =0]	0.199	0.200	0.988	1	0.320	1.220	0.824	1.806
	[创业 =1]	0b	.	.	0	.	.	.	.
	[家门口就业 =0]	-0.462	0.197	5.514	1	0.019	0.630	0.428	0.926
	[家门口就业 =1]	0b	.	.	0	.	.	.	.
	[扶助孩子 =0]	0.088	0.200	0.194	1	0.659	1.092	0.738	1.616
	[扶助孩子 =1]	0b	.	.	0	.	.	.	.
	[居家养老 =0]	0.8940	0.220	16.470	1	0.000	2.445	1.588	3.766
	[居家养老 =1]	0b	.	.	0	.	.	.	.
不会	截距	-4.050	0.819	24.443	1	0.000			
	[创业 =0]	1.901	0.329	33.425	1	0.000	6.690	3.512	12.743
	[创业 =1]	0b	.	.	0	.	.	.	.
	[家门口就业 =0]	1.824	0.330	30.571	1	0.000	6.194	3.245	11.823
	[家门口就业 =1]	0b	.	.	0	.	.	.	.
	[扶助孩子 =0]	0.229	0.300	0.581	1	0.446	1.257	0.698	2.262
	[扶助孩子 =1]	0b	.	.	0	.	.	.	.
	[居家养老 =0]	1.089	0.311	12.253	1	0.000	2.971	1.615	5.465
	[居家养老 =1]	0b	.	.	0	.	.	.	.
a. 参考类别为：^1									
b. 此参数冗余，因此设置为 0									

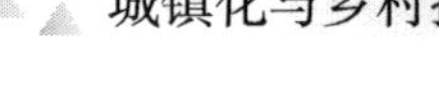

四、结论与思考

（一）假设的检验

表 5-24　假设检验结果汇总

序号	假设内容	验证结果
1	农民进城意愿很强烈	支持
2	进城流动定居的主要目的地受就业机会、城市公共资源享受机会影响很大	支持
3	返乡意愿受到个体因素、宏观因素影响很明显	支持
4	返乡后再次进城主要受农村工作赚钱机会、农村社会环境等因素影响	支持
5	乡村振兴战略的实施对农民进城有直接影响	不明显
6	乡村振兴将释放更多农村劳动力，将有更多农村劳动力参与进城流动	不明显
7	乡村振兴将吸引更多进城农民返乡	不明显
8	乡村振兴主要通过创业就业机会等因素对农民返乡形成明显吸引力	不明显

（二）结论及思考

通过本次调查与 Logitical 多元相关回归实证分析结果显示，虽然实证过程很简单，但还是发现了很多有价值的信息，为解决流动问题提供了诸多有价值的信息参考。仅从各因素显著性通过方面显示：有些没有通过，有些不是很明显，有些则很显著。具体见如下总结。

1. 个体特征对各因变量的回归结果

（1）个体特征对进城意愿的回归结果显示，除了婚姻因素不具显著性之外，其他几个因素对进城意愿有显著性反应。耕地拥有情况则对进城意愿有负相关，说明耕地越多进城意愿越不强。

（2）在对定居哪类城镇的回归分析时发现，文化程度与技能情况对定居各类型城镇有显著性影响，其他不显著，说明人力资本拥有量越大，对各类城镇的选择性越在意越具有选择性。

（3）对个体返乡回归检测发现，文化程度、耕地情况以及技能培训有显著性反应，其他反应不显著。说明受教育者程度越高、技能水平越高，农民工越不愿意返乡；而耕地拥有越多，越有可能返乡，所以，在回答时，显著性较为突出。

（4）对个体再次返回城镇回归结果显示，只有年龄与文化程度有显著性影响，而其他包括技能等特性对返城不显著。看来，受教育者程度越高，在农村越不愿意继续待下去，年轻人更不愿意待在农村；而且，他们无法安心在农村。至于那些有一定技能的农民工，他们可以选择在农村也可以进城，毕竟一技在身有较好的城乡适应性。

（5）对乡村振兴实施后返乡意愿回归检测显示，文化程度与耕地因素未通过，其他通过，说明这两个因素受乡村振兴刺激不敏感。教育程度高的农民工因为在城镇有更多更好的选择，对乡村振兴前景不很看好；耕地拥有情况对于进城者几乎可以忽略不计，他们对乡村振兴亦无多少反应。只有那些在城镇混得不很理想的农民工才考虑回乡村创业就业。

2.Logistical 多元回归因素实证结果

（1）从对“影响农民工进城务工的 Logistical 多元回归因素实证结果”分析得出，不管是对进入大城市还是其他中小城市，追求美好生活都具有显著性效果，也就是说，进城是他们的美好初心。对“外出赚钱以解家里急用”的回归检测发现，它对进入大中城市不仅有着显著性效果，而且回归系数较大，但对进入小城市则不具有显著性，说明农民工进城去向很明确，小城市赚钱机会确实不多，对于他们进城赚钱以解决家里急需用钱的期待不高，因此，他们也不会选择去小城市就业务工。在对“把孩子带出去接受好的教育与生活环境”因子进行回归检测时发现，均未通过显著性检测，表明受访者进城更多考虑的是个体状况及金钱收入问题，对带孩子外出还缺乏相应能力，这能反映一定现实。而对“赚了足够多的钱之后，改善老家住房”选项的回答，在大中城市通过了显著性检测，对小城市未通过，该结论与上述有关进城具有赚钱效应是一致的，亦表明该检测因子的内部结构效力性很好。对“积累资本，回家做点小生意”因子的回归检测得知，只有进入大城市才对农民工产生这种显著性影响，其他中等城市、小城市、中心镇都未通过。在农民工看来，进城之后返乡谋求发展是大多数人的梦想与初心，但是相比于中小城市、镇，大城市才能有更多赚钱机会与概率，其眼界才会更开阔，人脉资源才会积攒更多，思想理念才会更前沿，在这样的城市学习积累一定时机后回老家创业才会更有底气。

（2）从对“影响在哪类城镇定居因子的 Logistical 多元回归结果”分析得出，“当地就业机会多”只有在务工所在地与老家省会城市得到了显著性检测，而其他老家地级市、县级市等未通过，反映了受访者对就业机会多少的认知主要定位于务工地与省会大城市。务工地自不用说，他们之所以在这里就业，其本身都是一些大城市，而且这里就业机会多，对他们自然有吸引力；省会城市基本是大城市，城市功能齐全，就业机会多，他们在这些大城市定居的意愿强，只是因为当地房价太高，其收入无法满足购房定居，能够实现定居或者落户的务工者很少。“孩子上学质量高、看病方便”两个因子可以归于一个因子，即城市公共服务资源共享因子。就回归结果来看，务工地、老家省会大城市与老家地级市都通过了显著性检测，县城与中心镇未通过，这与现实吻合度很高。尽管当下县级城市与中心镇通过乡村振兴、招商引资以吸引老乡回家获得了一定发展，但是其公共资源的优质性还存在诸多局限，优质教育、医疗资源还很缺乏，以致稍微有点能力的农民工都会想方设法往地级市及以上城市流动，不管是为了看病还是子女教育，县级城镇都满足不了他们的此种需求。城市的环境整洁因子对于城市流动者应该有一定影响，对于进城农民而言，相比于农村的杂乱环境，按理说有一定吸引力，可是在回归分析结果显示中发现，务工地、老家省会城市、地级市的环境状况都未通过检测，相反，老家县城通过了。这种情况大概率是因为务工地、省会城市、地级市规模较大，城市的环境并未见得比县城好，特别是近年来县级文明城市争创活动与乡村环境治理力度加大，县级城镇环境逐渐好起来，与喧嚣、杂乱的大城市相比，小县城、镇具有一定的环境优势。而且，农民工进城流动定居主要不是看环境，而是看中其提供的诸多赚钱机会与优质公共服务资源。“生活便利”则都未通过，看来，对进城农民工而言，随着物流平台与交通设施便捷化，生活便利并不是他们看中的进城主要因素，在县级城市甚至中心镇都可享受便捷的生活。而“享受较好的当地现代文明”则在每个城市都通过，表明离乡进城去追求美好城市文明与过上幸福自在的生活是他们的原初与最终动力。

（3）在对“影响农民工返乡因子的 Logistical 多元回归结果”分析得知，“农村老家是根，老了自然要回老家；农村有田有房，生活有保障；有老人孩子需要照顾；城镇工作生活无保障”等几个因子都具有较好的显著性。农村作为他们在城镇无法生存下去的退路，农村是他们返乡的根本，这几个因子从城乡的吸力与推力两个层面显示了他们的返乡动因，但是，如果在城市有一定的工作、生活保障，那么，农民工返乡愿望将大大弱化。毕竟，对于当前中国社会发展态势看，城市化是社会发展主流，农民工在城市留不下，主要还是因为他们未能很好地融进去。至于“国家对农村政策的好转”与“农村生活的自由自在”两个因子，在他们看来还不是很有吸引力，因为国家对乡村的政策确实越来越好，但是对于不少农民工来说不具有太多吸引力，他们没有理解国家政策的好坏，也较难享受国家政策优惠，农村生活的自由自在则不是他们所向往的，因为在农村只是看起来很自在，无人约束，但是无工作、无消费、无人可交往，很难装下这些有着不安梦想的农民工的灵魂。

（4）对“返乡后再次回到城镇影响因子的Logistical多元回归结果”发现，对于回答“会”的农民工来说，他们对“向往城镇美好生活”“外出赚钱以解家里急用”“把孩子带出去接受好的教育与生活环境”“积累资本，回家做点小生意”等几个选项得到了显著性检测通过，而对“在农村看不到任何希望”“赚了足够多的钱之后，改善老家住房”两个因子未能通过，这个结果与前面关于进城影响因子得出的结果是一致的。而回答“不会”的农民工对“进城追求美好生活”的回答呈现出负相关关系，尽管对“农村看不到希望”因子未通过，但是，他们还是认为城镇生活并不是那么美好，所以，他们返乡后并未追求再次回城镇。

（5）对“乡村振兴战略实施后是否影响因素的Logistical多元回归”结果发现，对回答“回家”的各个考虑因子检测结果，创业与扶助孩子未通过显著性检验，而就业与居家养老则通过。看来，基于乡村振兴战略实施而回家的农民工，创业只是极少部分，大都是为了回家就业然后能够居家养老。回答“暂时回去看看”的因子回归结果显示与回答“回家”的结果是一致的；而明确回答“不会”回家的因子回归结果通过了显著性检测，表明他们对于乡村振兴战略基本不感兴趣，表明他们对城镇有着很深依恋。该部分农民工城镇化程度较深。

就各因变量影响因子Logistical多元回归分析结果来看，虽然未能发现更深层次问题，但是它们均揭示了相当的现实，能够为农民工流动以实现他们流动的初衷与愿景提供很好启示。不管是返乡还是进城，不管是定居哪类城镇还是返乡后再次进城，他们流动的理性程度越来越高，不再以哪个地方流向为设定目标。正如前文所言，哪里能够实现他们过上美好生活的目标，他们就会向哪里流动。

只是就中国目前的社会发展现实看，城镇化是主流，这里拥有太多就业资源、生活资源、发展资源，充满了现代气息，所以它们对农民工有着极强吸引力，使很多农民工返乡后再次进城。而很多农民工之所以选择进城又返乡，主要是他们素能缺乏，对城镇化适应能力不强，于是，相对于城镇无法提供最基本保障而言，返乡后老家的田地以及低廉的生计成本与增多的就业机会，吸引了一些年纪较大的农民工返乡。在乡村振兴战略实施后，原本设想将有更多农民工返乡创业就业，但是他们比学者更加理性，他们认为乡村振兴与自己关联性不是很大，而且现在也不很成气候，特别是对很多年轻人来说，他们更倾向于进城而不是因为乡村振兴就一头热地回乡。乡村振兴的主要基点在农，对于这些很少有务农经验的年轻人来说，很难在乡村立足，再加之乡村人口急剧减少，他们从事“非农”创业工作也缺乏服务对象，所以，他们对待返乡创业就业非常谨慎。

第六章　农村劳动力流动趋势及治理策略

第一节　农村劳动力流动趋势

根据2022年湖南对农民工流动情况最新调查统计发现，全省农民工总数为1762万人（包含外出与本地60岁及以上的农民工），占全国农民工总量的6.0%，比2021年减少了47万人，其中，女性农民工735.9万人，占全省农民工总数的41.7%。总量减少较多的是湘西土家族苗族自治州、常德市和益阳市三地，分别减少了38.5万人、5.6万人、2.8万人，这与当地乡村振兴、产业承接、城镇化发展对本地农民工吸纳有直接关系，而长沙市、岳阳市、怀化市、永州市、娄底市、衡阳市等地市农民工总量仍稳中有升。进一步划分：省内务工756.2万人，占农民工总数42.9%；省外务工1005.9万人，占农民工总数57.1%，在广东省务工542.1万人，占省外务工人数的30.8%；省内返乡人数略有增多，返乡农民工69万人。在第二产业务工的农民工人数为933万人，占比达53%，主要从事制造业，其比例为49.3%；在第一产业就业的人数相比上年减少16%，第二产业中建筑业就业人数减少5.4%，第三产业中批发零售、住宿餐饮和旅游业就业人数减少4.9%。

与进城或者返乡流动相对应的是，这些农民工到底是进城、留城还是返乡？据统计调查显示，现阶段60岁及以上农民工将逐步退出人力资源市场，由于他们以前未能按规定参加职工养老保险，退出人力资源市场之后，只能享受湖南省内最低养老保障即113元/月，收入水平急剧下降，无法维持城镇生活，比那些低保户每月的收入还要低。按照湖南省财政厅、民政厅《关于调整城市最低生活保障指导标准和救助水平及城市特困人员基本生活费标准的通知》（湘民发〔2020〕34号），从2020年11月1日起执行：城市最低生活保障指导标准由500元/月提高到550元/月；城市最低生活保障月人均救助水平由不低于340元提高到不低于374元；城市特困人员基本生活费指导标准从650元/月提高到

715元/月。但农民工不属于城市居民，无法申请这些最低生活保障与救助保障，也无法享受农村每年4300元的最低生活保障。但是，对于那些“70后”“80后”“90后”“00后”农民工来说，他们还是希望能够留在城镇寻求自己的城镇化梦想。只是他们在城镇化历程中，由于自身人力资本差异与城乡社会制度固有的隔离、城镇化公共服务难以覆盖等情况影响，他们面临着进不了、融不进、回不去的流动困境。为了充分化解这一困局以将农村劳动力资源负担转为湖南城镇化、乡村振兴发展的红利，结合对湖南农民工流动特征的概括、流动机理的梳理以及实证结果检验显示，本书拟就湖南农民工的未来流动趋势作出科学预测，以引导乡村劳动力向不同城市、乡村老家有序流动，供有关政府及学者参考借鉴。

引导农民工有序流动的总趋势是坚持以城镇化发展为主流，合理引导农民工包括外出农民工向湖南各级各类城镇迁移入户定居。这不仅是解决农民工资源要素配置、提升他们获得感的有效途径，也是推动湖南城镇化发展的基本思路。

到2022年年末，全省共有13个地级市、1个自治州，共14个地级行政区划；辖67个县、19个县级市、36个市辖区，共122个县级行政区划；有422个街道办事处、1134个镇。根据全国第七次人口普查统计结果，长沙由Ⅰ型大城市晋级为特大城市，1.18万平方千米的长沙人口达1004万人，比全国第六次人口普查增加了300万人，长沙城区人口为509.69万人，创下了有史以来的最高纪录。长沙成为全国人口净流入量最大、人才吸引力最强的城市之一，吸引了280余万各类创新人才集聚长沙，为城市未来发展提供了源源不断的人才动力，地区生产总值从2012年的6399.91亿元增长至2021年的13966.11亿元，跨越7个千亿元台阶，位列全国省会城市第六。特别是湖南在“三高四新战略”下又推出了“强省会战略”，以长沙为龙头，推进长株潭一体化，打造长株潭城市群，该城市群规划已成为中部首个、全国第4个获批的都市圈发展规划。建立在城市群基础上的长沙有了更高发展站位，从而使长沙发展得更快更强，让更远处、更高处的人们看得见湖南，让更多、更好的资源不断流向湖南。在强省会战略之前，长沙就跨入了“GDP万亿元俱乐部”和“千万级人口特大城市”，形成了汽车及零部件、新材料、工程机械、电子信息、食品烟草、生物医药“六大千亿产业集群”。根据《关于实施强省会战略支持长沙市高质量发展的若干意见》，到2026年，长沙地区生产总值可达到2万亿元左右，常住人口突破1200万人，城市经济首位度超过30%，届时对全省乃至外省人才、人力的吸引力将更强。

根据国务院2014年对城市规模等级最新标准作出的划分，株洲和衡阳属于Ⅱ型大城市，两个城市的城区人口均已超过百万人，高于岳阳市。其中，株洲城区人口达150.91万人，为湖南省第二大人口城市；衡阳城区人口达129.92万人，为湖南省第三大人口城市，均进入我国大城市中的Ⅱ型大城市。而据2022年最新公布的71个Ⅱ型大城市，湖南就有株洲、岳阳、衡阳3个城市。此外，湘潭和常德两个城市城区人口很快将突破100万人，有望晋级到Ⅱ型大城市行列，目前湘潭为95.95万人，常德为92.49万人，两个城市均只差不到10万人的城区人口将突破100万人。湖南中等城市比较多，包括郴州、益阳、怀化、永州、娄底等城市（见表6–1）。

表6-1　2022年湖南32个城市城区人口

单位：万人

城市	长沙	宁乡	浏阳	株洲	醴陵	湘潭	湘乡	韶山	衡阳	耒阳
人口	509.69	50.36	27.63	150.91	24.75	95.95	28.77	4.05	129.92	32.22
城市	常宁	邵阳	武冈	邵东	岳阳	汨罗	临湘	常德	津市	张家界
人口	17.00	70.01	31.00	36.43	98.04	14.63	16.89	92.49	10.93	30.17
城市	益阳	沅江	郴州	资兴	永州	祁阳	怀化	洪江	娄底	冷水江
人口	56.02	19.10	70.36	13.46	60.39	29.41	63.09	10.81	50.35	14.94
城市	涟源	吉首								
人口	19.17	43.12								

如果按照每个镇吸纳5000人常住、每个县吸纳5万人常住、每个地级市吸纳10万人常住，那么，湖南各级城镇包含中心镇、县城、地级市分别可以容纳567万人、430万人与140万人，而长沙将在未来5年增加200万人左右。在自然人口增长有限以及其他各省份都在“抢人”的情况下，吸收本土农村人口进城就成了各地区城镇化的主要目标。基于上述简单估算，各地将吸收的进城人口总共达1157万人，而湖南农民工总人数不到2000万人，只有1700多万人，省内务工人数则只有756.2万人，将省内流动的农民工全部吸纳进各城镇还差400多万人。而省外流动的1000多万农民工相对于省内流动的农民工具有更强的城镇化流动倾向与流动能力，将他们全部吸纳进省内各城镇亦差近200万人。况且，省外流动的农民工有很多在省外各城市已定居生活，按照前述调研数据结果30%的比例留在务工所在地计算，将省外流动的700万农民工全部吸纳进来，还差450万人。可见，湖南城镇化发展对于吸纳这些对城镇工作生活有一定基础的农民工具有很大空间。而且，据前文估算发现，湖南1134个镇、86个县级城市是

吸纳农民工最可靠、最有可能突破的途径。因此，结合湖南城镇化发展特征，在强化大城市发展战略的同时，要利用东、中、西部城镇化的契机布局大力发展湖南中小城镇特别是县级城市与中心镇，这些地区距离农民工家乡近，城镇住房与生活开支均较大城市特别是务工地大都市便宜，习俗差异不大，邻里较为熟悉、自然亲切，但是，又有一定的城镇服务功能，可以基本满足他们对教育、医疗与休闲等需求，对农民工进城定居工作生活有着天然引力。

当然，由于大城市有它自身优势，譬如规模优势、效率优势、资源优势、就业与收入优势、成本优势、生活便利优势、公共服务优势等，于是人们纷纷向大城市流动。但是，大城市的弊端也很明显，对于广大进城农民工而言，他们很难承受居住劣势、就业边缘化底层化劣势、职住分离、城市排斥等。相比较而言，中小城市则具有居住与生活压力小、环境优美、乡情浓郁等优势，不过其劣势也很明显，主要体现在就业吸纳力不强、资源缺乏、公共服务能力弱等方面，这些大大抑制了人们对中小城市的归属意愿。

然而，相对于大城市，尽管小城市、中心镇有着这样那样的弊端，但是对于素质不是很高、对乡村有着相当程度眷恋的农民工来说，小城市、中心镇仍是其实现城镇化梦想的最理想归属。在这里，住房压力很小，生活成本较低，交往圈子熟悉而亲切，人情味很浓，离家很近，想家的时候还可以回老家看看。如果在老家经营一些农作物，也可以经常回去照看一下；如果有亲人在老家，常回家看看也非常方便。小城市、中心镇贴近农村，是农业剩余劳动力向城镇转移的纽带与跳板，是城乡统筹和城乡一体化的桥头堡与增长点，是农业转移人口就近到城镇就业与落户的最佳选择地点和发展空间，对于吸纳农民工进城有着天然优势。正如前文所述，湖南有着 1134 个建制镇、86 个县级城市，扩展它们的城镇化建制规模、吸纳农民工就近就地城镇化空间很大，基本可以容纳大多数农民工。很多县级城市也纷纷出台各种优惠政策，鼓励农民工返乡置业、购房定居和工作。湖南近 2000 万进城农民工是未来县城流入人口的重要发展对象，他们的户籍虽然在乡村，生计却不再依赖种田，如果落户县城，能享受更好的教育、医疗、住房保障等基本公共服务。现在，最关键的是，湖南 86 个县（市）、1134 个建制镇，哪些拥有更大吸引力？第一类是都市圈周边县（市），将发展为大都市的卫星县（市），承接都市圈疏散转移的人口、产业和功能。湖南省社会科学院发布的《2021 年湖南县域经济高质量发展排行榜》显示，排在前 4 名的均为长株潭都市圈周边县（市）：浏阳、长沙、宁乡、醴陵。第二类是发展特色经济和支柱产业的县城。以县级民营经济发展较好的代表——邵东为例，邵东的皮具箱包、打火机、五金等轻工产品，已走向全国乃至全球。第三类为以农产品为主体的县（市）区域。针对此，主要通过大力招商引资发展二三产业，吸纳更多农村地区的人进城务工定居工作生活，扩大县城城区规模，发挥县（市）城区规模集约效应，满足农村人口对城镇文明的向往需求。第四类为重点生态功能区县（市）。重点发展适宜产业和清洁能源，保护生态环境，建设宜居城市，吸纳更多人口进城消费生活，发展居民服务业。第五类为人口流失型县（市）区域。在资源日渐萎缩、人口流失比较严重的县（市）区域，比如耒阳、涟源、资兴、祁东等，适时进行转型升级，留住现有人口。如果实在不行，可以向周边有序引导进入新的城区特别是一些大城市。中国城镇化建设未来的重要载体是县（市），湖南也不例外，而且湖南县（市）城镇化的发展空间很大。据第七次全国人口普查结果显示，湖南城镇化率为 58.76%；2022 年，湖南城镇化率为 60.31%。根据《湖南省“十四五”新型城镇化规划》，到 2035 年，湖南城镇化率将达到 72%，目前还有近 12 个百分点的差距，意味着在现有城镇化基础上还将有近 800 万农村人口转为城镇人口。在人口自然增长率为负数的情况下（2022 年湖南人口自然增长率为 –2.31‰），这 800 万农村人口的转移将从哪里突破？近 2000 万外出务工的农民工自然就成为各级政府争抢的“香饽饽”群体。“60 后”“70 后”“80 后”农民工由于常年在外务工，农业生产技能、农村居住环境、生活方式等已让他们很难适应回乡，他们对回农村老家的愿望不是很强，但是他们对在务工地安家定居适应的能力又不够，且他们的收入与拥有的传统技能对于县级城市与中心镇有着较强支撑性，所以他们是在县域城镇就近就地城镇化最为可能的群体。在“90 后”“00 后”逐步成为农民工主体之后，他们对乡村的认同大大低于老一辈农民工，对农村生活愈加疏远，对“就业在城市、户籍在农村，生活在城市、根基在农村”的“半城镇化”感受最深，更渴盼融入城市并共享发展成果，但是由于其发展基础差、技能水平低等自身因素以及公共服务、体制机制等方面的差异化影响，在融入城市的过程中同样遇到了巨大阻碍，城市梦实现难度大，不得不游离在城市和农村的双重体制之外。

于是，对于地级市、县级城市来说，通过提高教育、医疗等基础公共服务、扩大县城就业岗位是其吸纳本地农民工与外出农民工返乡就近就地城镇化的最佳途径。

诚然，人往好的地方发展是无法阻挡的，就像水往下流一样。“90 后”“00 后”农民工认为小城镇无法满足他们对自我价值的追求，一味追求在大中城市工作生活，这无可厚非，他们在父辈初级城镇化基础上对城镇化有了更高要求，而且他们积累了一定的城镇化素能，随时有能力从中心镇、县级城市向地级市、地级以上城市流动迁移，那里有更多优质资源与更合适的就业机会与就业岗位，能够更好地满足其城镇化诉求。所以，在强化县域新型城镇化建设的同时，湖南还须加强城镇化圈层体系建设，以满足不同群体的进城需求，如果过于强化大城市与县域城镇化两端建设，中间缺乏一定城镇梯队建设，那么，对于湖南地域与人口产业分布格局是不合宜的，2035 年实现 72% 的城镇化目标也很难实现。因此，加强城市圈体系化建设是湖南城镇化建设的最佳策略。

城市化是解决“三农”问题、实现农业现代化、农民走向富裕的必然趋势（陆学艺，2011）。但是，当前中国城市化问题重重，主要表现为：农民进城了，但城市容不下；大城市越建越多，但空置问题严重，各种“鬼城”不断出现，不少城市化属于半拉子城市化——未能真正大城市化。现在回过头来发现，大城市化仍是中国城镇化主流趋势，然而，其基础很不牢固，主要缘于未能形成健全的城市化发展体系。世界城市化历程显示，真正的大城市发展是以城市化体系而建立起来的（张立，2012），是以一个或者几个大城市为中心构建成的杜能城市圈，它以某一大城市为中心逐级逐层分布着许多次等级的中等城市、小城市、中心镇、村，形成一个个严密的、有着自行运行轨迹的半封闭城市圈层系统。如果大城市中心不能很好地辐射到其圈层边界所及区域，意味着该中心城市发展的动能不够；反过来，如果大城市周边各级城镇未能得到充分发展，大城市的发展亦会存在支撑不足情况（见图 6–1）。

中国的大城市很多，但是极少构成健全的城市圈层体系，其中最关键的是圈层边缘中小城镇发展严重不足。城市圈层体系的发展建构一般有一个过程。在城市文明洗礼广大传统农民时，如果缺乏城镇化先行熏陶培育，包括基本素质、工作技能、工作方式、生活习惯、消费观念、价值取向等改变，而让广大农民快速从思想传统守旧且习惯了农村工作、居住、生活、交往的状态一步跨入现代化大城市，那很不现实。城市化的路随时开放着，农民进城的路亦在自己脚下，然而对于广大农民来说并非那么容易抉择。往哪里走成为无数进城农民对自己的拷问。

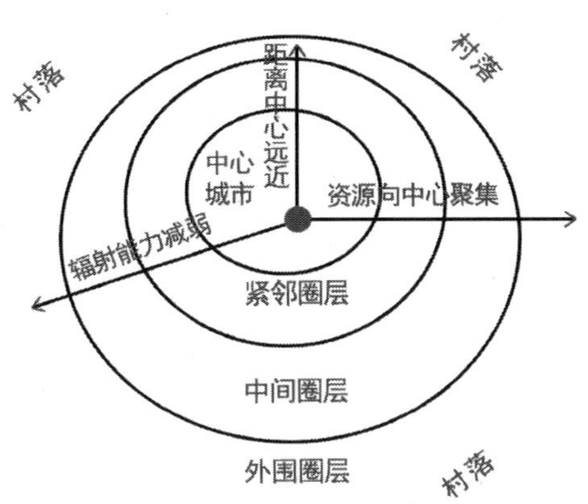

图 6-1　城市圈层结构体系及其相互影响逻辑图

自然，向大城市迁移是众多进城者梦寐以求的目标，那里有良好的发展机会，特别是务工机会，可以赚到钱，还有教育、医疗等公共服务机会是许多中小城市、城镇所无法比拟的，至于文化娱乐、交通便捷、生活休闲等更是中小城市、城镇缺乏的，于是他们纷纷涌向大城市。但是，在这里他们很少有人赚大钱。由于住房、户口等限制，那些大城市独有的教育、医疗等资源对于他们而言亦只能望洋兴叹。而文化娱乐、生活休闲等需要支付高昂费用，对于广大农民工来说，生存都不能很好地解决，再好的娱乐休闲也只能望而却步。换言之，大城市化是当下的趋势不假，但是实现它有一定的门槛，该门槛不是人为的隔离区划，而是当下市场那张无形的绳索捆住了广大进城农民的脚。为什么称其为进城农民而非城市居民？那是因为他们缺乏相应的城市文明洗礼与相应的素能支撑，没有相应城市文明现代性的积累，因此，他们只能选择在城乡之间两栖。其中，对进城农民最大的障碍是城市居住问题。他们买不起甚至租不起大城市的房子，也支付不起大城市居住的物业费。他们在大城市务工大半辈子，积累了大量生存发展基金，也习惯了大城市生活或者工作习惯，但因为居住成本太高而不得不退回老家。然而，他们已经无法适应农村的原初生活。此时，相对具有一定城市气息的中小城镇，特别是家乡的县城与较发达的中心镇成为他们不少人的首选之地。因为中小城镇距离家乡近、人口集中、生活便捷、邻里相望、住房便宜……在这里，他们既能感受到城市现代文明的气息，又能承受工作生活压力，特别是在大城市令人望而生畏的居住问题，在家乡城镇能得以较好解决，30 万 ~ 50 万元一套的大住房对于家有几口的外出务工者来说基本没有什么太大压力。再者，近年来随着许多产业向城镇集聚以及新的服务业兴起，以前很难企及的家门口就业现在变得越来越容易。最终，他们如愿以偿地实现了工作、居住一体化，不再为了工作与居住两地奔波，也能很好地实现他们在乡村工作、居住一体化的最初梦想。至于那些刚刚摆脱贫困的农民群众，由于意识观念、素能基础、生存能力等局限，进入中小城镇也许更能满足他们的城镇化梦想。中小城镇虽然很小，在许多方面无法跟大城市相比，但是对于广大农民而言，它们因为有着太多烟火气息而成为追求现代化城市梦想的第一选择。而且，由于县域城镇具备相当的城市功能，是城市文明与乡村文明的交汇点，身居其中的人们不断接受现代城市文明熏染，在有了一定城市化素能培育与积累后，他们也可以进一步选择向更高层次的城市迁移。县域中小城镇是广大农民更远大的城市化目标的跳板，其背后隐含着人们对美好生活的更高追求，实践也证实了农民进城这一历程的规律。

不过，在以城镇化流动为主流引导农民工向城镇迁移定居的同时，也不能忽略农民工返乡特别是返回农村老家流动的需求。这主要基于以下几点考虑。其一，即便到了2035年,湖南实现了72%的城镇化,那时也还有近2000万人居住在农村，包括进城又返乡的农民工，因为老家有人居住，返乡照顾家人是自然之事。其二，城镇化不只是人口流入的简单事情，还需要流入者具有一定的适应能力，如果流入人口在城镇无法很好地适应，退回农村也是不错的选择。国家与社会不能因为他们的素质跟不上现代城镇化发展的步伐而抛弃他们，对他们也应有基本的生存保障，而农村可以为他们提供最基本的生存条件。那里的资源能为他们免费提供，生存压力不大，如果以后国家变得更加富强了，他们在农村也有较稳定、较高的养老保障，那么他们在农村生存也是一件很幸福的事情。其三，有些人天生有乡土情怀，他们不管是留在农村还是进城后返乡，都喜欢农村那种没有多少拘束的日子，尤其是有些城镇化观念很深的城市居民，他们渴望田园般的农村生活，想在农村享受清新的空气、清澈的河水、葱绿的山林、有机的蔬菜……对此，国家及时推出乡村振兴战略，推行城乡一体化均衡发展，是合乎中国国情的。试想，中国有 14 多亿人口，想全部实现城镇化也是不可能的。如果按照中国科学院中国现代化研究中心发布的《中国现代化报告 2013——城市现代化研究》，美国、英国、法国等 11 个国家属于中度城市化，其城市化率为 80% ~ 90%。按照中国人均 GDP 计算，目前为 1.27 万美元。按照《中华人民共和国国民经济和社会发展和十四个五年规划和 2035 年远景目标纲要》，2035 年中国人均 GDP 要达到中等发达国家水平。再根据对现有 13 个中等发达国家人均 GDP 达到 1 万美元以上时的平均城市化率 76.7% 计算，中国目前还有很大差距。中国的人均 GDP 水平达到了，但是城镇化率还远未达到。中国目前城镇化率只有 65.22%，湖南更低，直到 2022 年还只有 60.31%，可是，湖南 2022 年的人均 GDP 已经达到 1 万美元以上。因此，对比中等发达国家城市化水平及对 GDP 的要求，中国乃至湖南其实应该有更多人居住在城镇，这说明中国城镇化发展还很滞后，以后将会有更大速度的发展。但是，不管城镇化如何提速以扩大城镇化覆盖面，按照中等发达国家城镇化水平，至少也有 20% 的人口仍会居住在乡村。就全国看，会有 2.8 亿人在乡下，湖南则有 1320 万人住在乡下。对于如此巨大的农村人口，国家亦应考虑他们的乡村工作生活及其幸福指数，所以，在农村基础设施完善、公共资源服务普及尤其是养老与育儿服务及时跟上等方面应加大力度，让每一个生活在农村的人生有所育、老有所养、居有所屋、事有所宜……幸福不只是城镇化的专有名词，农村人也有追求幸福的资格与诉求，各级政府在引导城镇化发展的同时也要将农村发展纳入一体化，因为城里人的发展与幸福离不开农村的发展与幸福。如何实现城乡共同发展是我国各级政府都要深入思考的核心问题与焦点问题，尤其是湖南的城镇化与乡村振兴在全国都比较滞后，探索出一条城乡一体化发展与城乡居民都过上幸福美满日子的路子至关重要。

第二节　农村劳动力流动治理策略

一、基本思路

应该在以城镇化为主导、以乡村振兴为倾斜、城乡一体化协同的社会发展理念下，坚持政府主导与市场自发调节相结合，通过政府、企业、家庭、个体的合力，共同推动乡村劳动力流动，助力新型城镇化与乡村振兴。

二、具体思路

为了有效化解农村劳动力的流动困境，真正助推湖南新型城镇化建设与乡村振兴战略实施，应主要从以下几个方面作出努力。

（一）要素配置有效

农民进城，首要动机是追求获取高收入的工作机会。改革开放后，几亿农村民众向城镇迁移，主要缘于城镇能够为进城者提供工作岗位并由此获取远高于农村的收入。只要城镇拥有多于农村的收入，农民就会源源不断向城镇迁移，直到城乡收入差异基本均衡为止。其背后所揭示的基本经济学原理就是社会发展对生产要素配置的有效性诉求。近年来，由于大城市产业转型及素能成本要求，大量制造业、服务业向大中城市周边县域城镇转移。相较于向农村地区转移，企业选择在城镇周边集聚成为一种趋势；加之返乡创业农民工选择的创业地址也多布局于城镇而非农村，所以农村企业向较大规模的城镇集聚也是中国城镇化发展的一个重要途径①。无论从市场交易成本还是从环境保护考虑，村办企业走向城镇集聚化发展是必然趋势。80%以上的乡镇企业分布在自然村落，7%的企业在行政村，12%在乡镇②。这些分布在乡村的企业不管遭遇何等阻力，走向集中化发展是基本趋向，它们向大城市集中不现实，特别是一些劳动密集型企业组织，劳动力成本因素决定了向大城市集聚有相当难度。况且，一些乡镇企业与农村有着天然联系，它们必须设在与农村保持较好联系同时又有着一定规模效应支撑的城镇。因此，向县域内中小城镇集中是位于乡村的企业的唯一选择。

城镇因为集聚了大量中小企业而能够提供足够多的就业机会，大量农村人口就近可以找到收入不菲的工作，会更有底气在城镇购房定居。尤其是那些在外务工的农民工，有一定思想、素质、技术与积蓄，他们在返乡就业生活之际，很受当地创业者青睐，于是，他们在本地选择城镇化的底气更足。而随着本地城镇规模的扩张，人们生产非农化、生活商品化的趋势越来越明显，为本地消费者提供各种专业性服务的需求大幅增加，服务业与制造业得以交叉发展，岗位增加的乘数效应凸显，从而创造出更多就业机会。加之城镇生活质量更高，也吸引着更多本地农民向城镇集聚，而随着农业现代化、机械化、自动化发展，从农村释放出来的劳动力还将大幅增加。目前，中国农村现代化与发达国家相比差距还很大。2019年，中国农业劳动力占比为25.1%，农业产值占比为7.1%，两者相差近4倍，而且，中国1.9亿农村劳动力创造的农业总产值还不如荷兰22万农民创造的产值，

① 邓秀丽．乡村企业向城镇集聚：农村城镇化的重要环节[J]. 经济研究导刊，2010（12）：32–33.

② 陆杰华，韩承明．论小城镇与我国的城镇化发展道路[J]. 中国特色社会主义研究,2013(1):98–104.

因此，其挖掘潜力巨大。随着农村人口的释放，他们向城镇集中，成为一种必然趋势。距离乡村最近的城镇，既可满足其对城镇文明的渴求，又能确保工作、收入及生活的可持续，还能满足其对乡村文明的眷恋，因此，城镇自然具有一定的天然优势而成为农村进城者的首选。

近年来，随着中国经济的高质量发展，城镇化转型升级明显。一些城镇对农民工实行“一刀切”的做法，致使农民工回流现象加剧，有些农民工还陷入永久回流泥潭，出现所谓从高效率城镇部门向低效率农村部门流动的“逆库兹涅茨化”现象，这种现象将加剧城镇部门劳动供给不足，不利于中国高质量城镇化发展和城乡融合发展。因为，农业剩余劳动力从低生产率农业中退出，在城乡之间、地区之间、产业之间流动，进而进入高生产率的城市部门，这是生产要素追逐利益最大化的表现，也推动了中国独特的城市化历程，而他们从城镇回流到乡村，其间有人为因素与社会因素使然，希望能通过采取合理措施实现与优化这种配置。

（二）进城入户有别

不管是跨省流动的农民工还是省内流动的农民工，他们对外出及在哪类城镇务工、定居甚至落户都是由他们的个体差异来决定的。在问卷调查走访过程中发现，农民工存在较大人力资本差异，他们对实现城镇化的诉求千差万别，其中，人力资本差异与城镇化诉求差别最突出的是农民工个体人力资本量对其城镇化决定的影响力度。

不同人力资本拥有者对不同层级城镇的定居意愿与倾向明显不同。相对于定居农村老家，农民工进城定居的意愿还相当强烈，尤其是定居县级城镇与省会大城市的意愿强烈。从性别上看，相对于女性，男性农民工对县城、中心城镇的定居意愿要强烈得多，主要在于男性比女性更感觉到大城市压力大，但是，他们在城镇打工赚了钱之后不愿意仍然居住在闭塞落后、生活不便利的农村老家，特别是有了孩子之后，他们更愿意在当地县城或者中心镇购房、建房甚至租房定居。从年龄层面上看，相对于老一代农民工，年龄越小的农民工越不愿意在县级小城镇定居，他们更倾向于在大城市定居，这与新一代农民工对城镇文明的认知及其对大城市融入的深度分不开。他们有知识、有技术、有头脑，他们中很多人一出生就生活在城镇，他们所学所用所有的东西几乎都与城镇居民没有什么差异，仅有的差异是身份差异。他们对农村的劳作、生活几乎是陌生的，他们不像父辈那样会选择回农村老家，而是希望在务工城市定居、工作、生活。相对于未婚者，已婚者倾向于在县级等生活成本较小的城镇定居，而未婚者则愿意向大城市迁移，在那里工作机会多、发展潜力大、找到另一半的机会多，这是许多年轻女性愿意在大城市工作生活的最主要原因。土地收益对于农民工定居城镇的影响是负面的，一般而言，土地收益越充足者，农民工越不愿意放弃这部分现成收益而将户口迁入城镇。因此，土地收益的多寡对农民工城镇定居有直接影响，收益越高，农民工进城定居意愿越低，主要原因是土地收益高者当地的社会经济发展状况较好，交通便利，农村基础条件较完善，因此，无论是建房还是自己从事相关经营都可以获得较好回报。而且，即便他们目前在城镇有一份较好的工作，一旦工作变得不确定，他们就有可能回归农村老家，这在20世纪六七十年代出生的农民工身上体现得更为明显。当然，关于土地收益这一块，绝大多数被访者表示，他们的土地收益比较低，因此他们更愿意向城镇迁移、定居。

在考察各因子自变量时发现，受教育程度与技能水平的影响是相当明显的。教育程度越高、技能水平越高，越倾向于在大城市定居，这与大城市的产业结构、用工需求以及居民素质、生活成本支撑能力等间接相关。如果农民工的教育程度与技能层次达不到该城市需求，他们即便进入了也得不到相应工作，过不了体面生活，因而，融入度低，城镇归属感不强，最后只能选择定居农村老家或其他素质要求较低的城镇。这个结果与历年《中国城市统计年鉴》中关于不同规模与异质性劳动力就业人数统计结果有着高度一致性（见表6–2）。

表6-2　不同文化程度就业者在不同等级城市就业情况

单位：%

不同文化程度就业者		研究生	本科	专科	高中	初中及以下
城市规模	特大城市	0.83	6.79	11.25	32.55	48.58
	大城市	0.28	3.41	8.47	32.25	55.59
	中等城市	0.16	2.31	7.59	32.92	57.01
	小城市	0.13	2.03	7.98	35.47	54.39

鉴于以上考虑，在选择湖南城市化发展路径时，要兼顾湖南城市发展的需求以及管理能力、投入能力与农民工对城市生活的个体差异化支撑能力，尤其要从农民工个体在城镇工作与生活维系能力入手，通过其人力资本提升以加速融入城镇工作进而更好地融入城镇生活，不能一味强求所谓大城市论或中小城市论。

（三）城镇福利有盼

公共服务是政府造福人民、支持民众获取平等生存与发展机会的保障性行为，当个体或者某些群体难以自我突破现实困境之际，以政府名义帮助他们是广大民众的期盼，也是政府应尽的义务，但是，政府也是一个理性主体，也讲究其决策行动的成本收益，政府在组织诸如教育、医疗、养老、垃圾与废（污）物处理等公共服务时，均须考虑公共保障与服务的空间效应、规模效应与经济效益，过于分散的村落难以达到服务的空间要求及规模要求，其经济效益很难企及。2017年公布的《第三次全国农业普查公报》显示，中国有60万个行政村、317万个自然村，以该年5.7亿农村常住人口计算，平均每个自然村人口规模不足180人，尽管公共服务以行政村为载体提供，但每个行政村也不足1000人。如果考虑一些行政村与自然村的差异，则大量村落人口规模不足100人，如此小规模村落散居，制约了公共服务提供的规模化效应，因此，许多分散在乡村的教育、医疗等公共资源不得不向城镇集聚，一些污水处理厂、自来水厂、垃圾处理站等也只能设在较大规模城镇区域边缘。与此同时，人们为了能够享受相应的公共服务资源，亦将追随依附，这是政府的期盼，也是民众的普遍需求。

目前，流动劳动力最忧虑的是他们的下一代像他们那样因为缺乏知识进而无法摆脱自身穷困以致发生贫困代际传递，于是，他们最渴望下一代能够得到良好教育。然而，分散的农村无法在教育资源等公共服务方面满足其居民自我发展的内在需求，所以，为了增强自我发展能力与脱贫能力，他们亦会向教育等公共服务资源较为优质的城镇等区域集聚。亚当·斯密在《国富论》中说过：一个哲学家和一个街头搬运夫的差别，似乎不是由于天赋，而是由于习惯、风俗和教育产生的（哲学家在当时处于社会顶层）①。“人力资本理论之父”舒尔茨在《改造传统农业》中指出：发展中国家不是因为资源匮乏而穷困，而是人们文化素质低下不能很好地去开发利用现有资源与从发达国家引进先进科技，所以，为了改变落后国家、地区与群体的贫苦状态，增加其人力资本是最有力保障，而充实人力资本最有效的途径是大力发展教育②。正是看到了教育在脱贫与自我发展中的重要性，那些受教育程度低的农民或者农民工便想方设法寄希望于他们的下一代能够接受更好的教育，于是，就近向有着较好教育资源的城镇集聚便成为他们聚居城镇的首决因素。

根据《中国教育统计年鉴》数据，中国教育城镇化率远远高于户籍城镇化

① 亚当·斯密．国富论 [M]. 谢宋林，李华夏，译．北京：中央编译出版社 ,2010:68.

② 西奥多·W. 舒尔茨．改造传统农业 [M]. 梁小民，译．北京：商务印书馆 ,2006:32.

率。2011 年，中国户籍城镇化率只有 34%，小学教育城镇化率则达到 59%；到了 2016 年，两个指标分别达到 42.4%、70.8%，差距进一步拉大。《中国农村教育发展报告 2020—2022》显示，2021 年，我国初中教育城镇化率达 87.85%，小学教育城镇化率达 79.15%，义务教育阶段总体城镇化率达 81.91%。1976—2016 年 40 年间，全国减少小学数量多达 91.6 万所，而且这种减少趋势直到 2017 年、2018 年、2019 年、2021 年仍在继续（见图 6–2）。

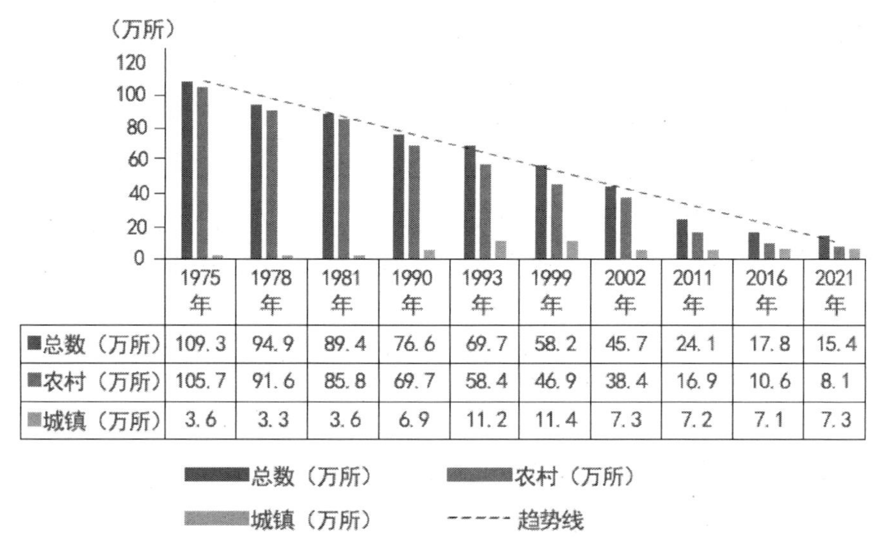

	1975年	1978年	1981年	1990年	1993年	1999年	2002年	2011年	2016年	2021年
总数（万所）	109.3	94.9	89.4	76.6	69.7	58.2	45.7	24.1	17.8	15.4
农村（万所）	105.7	91.6	85.8	69.7	58.4	46.9	38.4	16.9	10.6	8.1
城镇（万所）	3.6	3.3	3.6	6.9	11.2	11.4	7.3	7.2	7.1	7.3

图 6–2　1975—2021 年中国城乡小学数量变化

数据来源：历年教育发展统计公报。

2022 年，全国小学数量只有 14.91 万所，2012 年到 2022 年 10 年间，小学数量减少 35%。据《2022 年中国乡村教育发展报告》显示，中国近 8 年减少农村小学 8 万所，农村初中每年减少 1000 所。湖南的小学数量也在大规模减少（见图 6–3），从 2005 年的 17108 所减少到 2022 年的 6509 所，18 年间减少了近 62%。这与中国自然村减少直接相关。2000 年，中国有 360 多万个自然村，而到 2022 年年末，只有 260 万个，减少 100 多万个。湖南从 2010 年的 16.2 万个自然村减少到 2020 年的 11.1 万个，减少 5 万个。

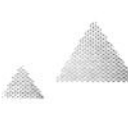

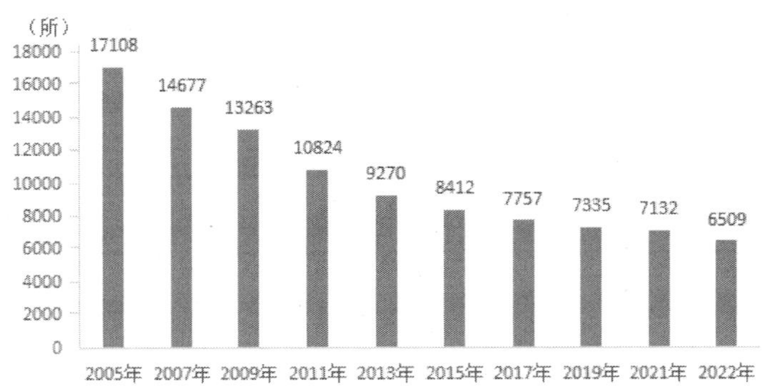

图 6–3　湖南历年小学数量变化

数据来源：湖南历年教育事业统计公报。

这种现象反映了中国城镇化的迅猛发展、中国村庄数量的急剧下降以及为了学生享受更好教育而发生的相应变化。教育等公共服务的城镇化集中发展加剧了农村人口向城镇集聚，使中国教育城镇化率要远高于户籍城镇化率。反过来表明，家庭城镇化率远滞后于教育城镇化率。许多农民工在各类城镇租房为孩子进城享受城镇教育优质资源的情况非常普遍，一旦孩子完成了学业，他们就从城镇退出来，要么继续外出务工，要么在陪读城镇工作生活，要么返回农村老家。家庭城镇化率低于户籍城镇化率超过 20 个百分点，比常住城镇化率与户籍城镇化率之间的差距还要大，说明中国的真实城镇化率还很低。这也从另一个层面给予各城镇政府以启示，为实现以城镇化拉动本地社会经济全面发展的目标，在推进本地城镇化建设过程中，以教育城镇化为契机，狠抓地方城镇教育，可以吸引更多农村人口进城定居生活，甚至包括他们的下一代，而不是出现完成陪读孩子的学业后又撤回农村老家的情况。2023 年 6 月 1 日《中国教育报》大版面报道了湖南常德推行高中教育高质量发展的经验做法，那就是两个坚持：一是素质教育创造奇迹；二是全市统筹、县中振兴。此举为常德县域城镇化建设提供了一条新路径。

另外，限制进城农民定居或者落户的一个最大障碍是住房问题。由于国家对进城农民在住房方面采取的是二元化策略，因此，他们本就不稳定的工作及收入无法使他们在城镇很好地享受各种住房福利，包括申请廉租房、公租房、经济适用房、限价房和棚改房等保障性住房，也租不起商品房，更买不起动辄上百万元的商品房。目前，各地虽然对购房补贴、按揭贷款等有所放开放松，农民工也可以享受到这些购房福利，但是，由于考虑到家乡的田地、购房后的后续支付持续性问题，他们大多望而却步。所以，针对城镇教育、医疗、住房等最基本的公共服务需求，各城镇政府应采取有效措施，做好城镇公共福利服务，化解他们进城的后顾之忧，如果能够在此方面有所突破，势必能够吸引到足够多的农民进入。比如，湖南近年来采取系列措施鼓励农民进城买房，包括进行货币化安置、支持农民工进城买房落户、将农民工纳入住房公积金制度覆盖范围、发展租赁市场、支持农村信用贷、农房抵押贷等，这些举措大大缓解了进城者对住房的担忧与压力，不管是租还是买都刺激了一批进城农民工在所在城市安居乐业。麓城印象小区是长沙近年来新建的公租房项目之一，有公租房1500多套。来自益阳安化的姜某一家在这里已经住了7年，两室一厅的房子里，家具一应俱全，两个卧室一南一北，阳台宽敞明亮，而月租金只要800元，不到周边市场价的70%。按照姜某的话说：该小区配套设施齐全，住在这个小区让我感觉到融入了长沙这个城市，让我有强烈的归属感。在长沙市雨花区，新建的育新二小招收的300名新生中，有近一半是外来务工人员子女。外来务工人员金某说：接收务工子弟上学，减少了一些留守儿童，我们在这边务工也会安心。目前，全省公租房共保障进城务工农民工13.7万人，同时，确保农民工子女与城镇居民子女享受同等的受教育权利。2019年全省义务教育阶段有进城务工人员随迁子女在校生59.38万人，在公办学校就读比例为87%，并在编班、教学、升学等方面拥有同样的政策待遇。

（四）回乡承载有度

中国的城镇化不论是城镇规模、数量还是现代性实现程度及国际竞争力的大大提升，都令世人瞩目，然而，与之相对应的是乡村发展显得相对滞后。如果不能在城乡一体化大背景下思考如何形成城乡发展合力以推进城镇化发展，那么，城镇化发展将显得异常艰难甚至出现一些不良后果。就现实而言，中国正处于从乡村社会向城镇社会急速发展的时期，而城乡发展不协调不能不引起人们的深思。

首先，住房承载超限，造成了大量浪费。与城镇住房迅猛增加同样的是乡村住房，它们如雨后春笋般矗立在乡村马路边、山腰上。不论是交通便利还是闭塞，不论是平地还是高山，不论是资源充足还是匮乏，乡村住房建筑都遍地开花。不论这些房子是位于乡村旅游地以供留宿或出租之用还是位于偏远小村落，建三层楼房似乎是标配，但它们绝大部分空闲着。如此不顾实际的高层建筑，不仅浪费了农民工辛苦赚来的钱，还浪费了大量建材资源，也破坏了农村原有风貌；现在新修的住房，占用了很多良田，有些还会挖掉小山或者丘陵，这也是许多乡村原有的小山包或丘陵已不见踪影的重要原因。看着老家一块块稀少的良田被一栋栋房屋挤占，看着一座座小山或丘陵被削平，让人感到极为心痛。特别是那些完成了修路、建房的地区，路修通了、房子建好了，可是住的人没几个，而山却被破坏了、良田被占有了、资源被浪费了，仅从经济成本来说就是一件很不划算的事情，更别说考虑生态成本了。

其次，大量农村劳动力闲置，造成了人力浪费。曾几何时，农民是勤劳的代名词，可如今，在走访中发现，变得慵懒的村民越来越多。从年纪不到六旬的老人到精壮男性再到赋闲在家的女性，他们待价而沽，不屑于城镇低廉的工资，宁愿守在老家过那种逍遥的日子。那些 40 多岁甚至只有 30 多岁的中年男女，正值壮年时期，如果在农村没有多少可挣钱的途径，他们完全可以去城镇工作赚钱，让自己充实起来，借此也可以改善生活或者解决养老保障。

再次，限制了农村土地规模化经营。中国人均土地较少，经营成本较高，不能获得规模化经营效果，致使农户在土地上不愿投入太多。在城镇化浪潮下，大量农户进城务工，不得不任其农田荒废，而留守在家的农民，其经营能力也很有限，于是荒废了大量田地，以致农村土地荒芜现象很严重。但是在城镇化推动与国家乡村振兴战略支持下，农村又呈现出诸多发展契机，一些在城镇务工的农民工纷纷返乡创业，甚至还出现了一些新农人。可是，他们的第一大障碍就是缺乏可以耕种或者承包的土地，不能实现规模化经营，而现在的经济发展，无论哪个行业都需要规模化支持，只有这样才能看到现代化经营的希望。由马进编剧并执导的《青恋》讲述的就是一批在大城市打工的浙江湖州地区年轻人克服重重困难回乡下创业的故事，主人公林深为了规模化经营，引导农户入股自己的农庄而遭遇重重阻力，尽管大多数农户交出了自己荒芜的田地，但是其过程可谓对中国目前农村产业发展的一个真实写照，而且在现实中其难度更大。所以，在现行政策下，如何动员村民将那些撂荒土地流转起来形成一定规模是当务之急。

最后，人居环境因为人口过于集聚、农村自我经营管理能力低下而变得异常脆弱。主要体现在水污染、生活垃圾随意堆放及耕地土壤硬化问题。水污染问题最为直接，由于农村河道属于公共地区，易于形成“公地悲剧”现象。虽然各地区都设置了河长，但是往河道随意倒放生活垃圾，特别是很多在农村养牲畜的经营户将养殖场设在河道边的现象比比皆是。河长干涉不了，其职责形同虚设。另外，对生活污水排放虽然有所整顿，但由于很多农村没有专门的污水处理厂，那些家畜粪便、人的粪便、生活污水都随意倾倒，污水横流以及河道被污染的情况非常普遍，有些过去清澈见底的河水现在变得浑浊不堪，有些虽不浑浊，但是其污染程度也非常恐怖，人们基本不敢下水游泳、捉鱼，以致在不少农村想找到一片干净的水源很不容易。生活产生的垃圾则由过去易腐烂的菜叶瓜皮发展为农业生产薄膜、塑料袋、快餐盒、废电池等，这些生产生活废品被随意丢弃以致农村清洁员无法及时收拾。即便收拾，他们也是将之集中在某个隐蔽地方焚烧，以致曾经干净纯净空灵的山村，在如今无论是在清早还是在深夜都到处弥漫着难闻的气味，很是令人窒息，严重影响到居住者的幸福感知。

上述种种情况显示，乡村对人居的承载力是有一定限度的。如果不加以规范整治，乡村想成为人们幸福的归属之地是不可能的。对此，理想的做法是进行疏导与制度规范，引导农民合理流动，不能盲目跟风。首先，应该意识到，随着中国社会的发展，农村经营的现代化、机械化、规模化已成为一种趋势，届时将释放更多农村剩余劳动力，应将这些村民适当引入城镇，否则，不仅不利于农村规模化经营，还会造成此部分劳动力资源在乡村沉淀与浪费，更是对农村环境承载力造成巨大压力。其次，严控农村建房占地，将乡村规划与严格审批相结合，管控好土地占用，鼓励农村居民交易农村住宅及田地以为进城定居充实资本保障。最后，做好农村土地流转工作，让闲置土地利用起来，让分散经营农户从低效中摆脱出来，加强农村专业化分工生产，引导农村劳动力就地就业，提高农村整体经营效益与收入回报。

（五）乡村产业有路

产业是吸引劳动者的原动力，如果没有了产业或者产业效率低下都不可能吸引到足够多的要素集聚，包括劳动力。农村劳动力之所以选择外出流动，就是因为农业产业效率低下，农村发展机会欠缺，付出与回报不成比例；加之农业产业链条缺乏延伸性，容纳不了更多劳动力。因此，不管是农业劳动效率低下还是农业劳动高效都难以容下更多劳动力，依附于农业之上的劳动力被释放出来是必然趋势。20 世纪 80 年代，中国掀起了一股乡镇企业发展热潮。到 1992 年，中国乡镇企业数发展到 2000 万家，总产值近 2 亿元，就业人口上亿，形成所谓乡镇企业“异军突起”与国民经济“三分天下有其一”的局面。但缺少有效管理、缺乏独立性、缺乏必要的物流设施与生产要素，导致异军突起的乡镇企业迅速由兴转衰。很多企业不得不向城镇转移，由此带动产业城镇化转移与农村劳动力城镇化流动。正因如此，为吸引外流农民工回流，为打造以人为本的县域城镇化，加强当地产业引进是必然趋势。而此时的产业振兴与改革开放之初的乡镇企业突起完全不一样，产业创办者不一样，运转市场环境不一样，技术与物流支持环境不一样，所以，通过产业引入与拓展吸引人员流入是最可靠举措。通过产业有序转移带动人口有序转移，必须坚持以下三个基本思路。

第一个思路，产业应向有条件的城镇地区转移。不能再像过去发展乡村工业一样，搞村村点火、户户冒烟的产业发展模式，这种做法不利于产业规模化、集约化经营，而且浪费大量国土资源。可以向县级及以上城市包括较大规模的中心镇集中，通过产业园区规划布局，做到有序引进与发展。1988 年，湖南建立了第一家产业园，经过 30 多年的发展壮大，到 2022 年，湖南拥有各类省级及以上产业园区 144 家，基本覆盖了全省，为全省各县市区发展提供了很好的平台（见图 6–4、图 6–5）。

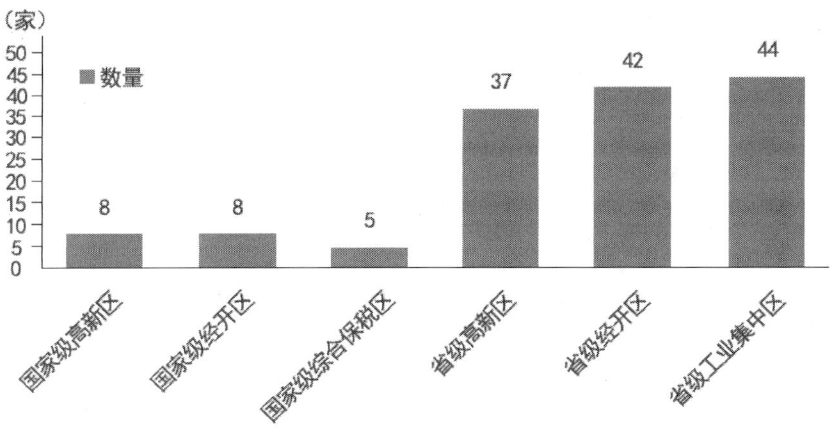

图 6-4　2020 年湖南园区类型分布情况

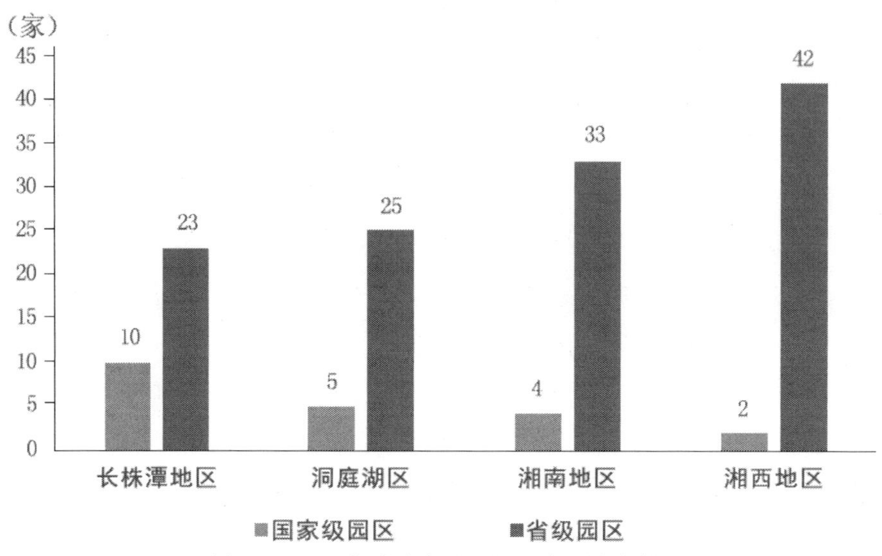

图 6-5　2020 年湖南各地区园区类型分布情况

其中邵阳共有 11 个产业园区，包括国家级产业园区 1 家与省级产业园区 10 家，入园企业近 3000 家，企业从业人员约 20 万人。这些园区为当地社会经济发展作出了巨大贡献。各地也利用产业园区布局大力招商引资与吸纳人力进驻，在一定程度上缓解了农民工长距离、集中向某些大城市流动集聚的压力状态，也对农民工有序城镇化起到一定促进作用。

第二个思路，有序衔接湖南周边较为发达地区以及大城市的产业梯级转移。随着中国产业结构的大调整，一些产业在东部沿海地区与大城市已经缺乏生存土壤，它们不得不进行转移。为此，中西部地区各城市应该利用此机会有序有力对接，以带动本地经济发展。湖南是我国中南部比较重要的省份，人口多，土地广，资源多样，经济基础好，最重要的优势在于区位，俗有“沿海的腹地、内地的前沿”之称。湖南与广东、四川、重庆的经贸联系较为密切，与江西、贵州、广西接壤，与浙江、上海、江西、江苏等地距离不远，具有东部沿海地区和中西部地区“过渡带”“接合部”的优良区位优势。湖南凭借“过渡带”“接合部”优势，在创新引领、“三高四新”等中部崛起战略指引下，以长株潭一体化产业发展为核心，以湘南、湘西、湘北为外围，全力打造中西部地区承接产业转移高地。湘南、湘西、湘北等地加快产业转移承接建设力度，积极参与粤港澳大湾区、长江经济带、东盟地区的经贸对接，为湖南的区域均衡发展与县域城镇化建设提供产业全面振兴契机。比如，永州明确提出向南向海发展战略，把对接粤港澳大湾区与东盟作为未来发展的主攻战略方向。截至 2022 年年末，全市共引进 345 个投资在 2 亿元以上的产业项目，57.1% 以上的项目来自大湾区，与东盟的双边贸易总额从 32.1 亿元增长至 105.3 亿元，翻了三番，也是目前全国除广东以外唯一通过陆路为我国香港直供蔬菜的试点城市，湖南供应我国香港的蔬菜有 95% 以上来自永州。永州下辖的祁阳积极对接粤港澳大湾区，创新引进百企进入祁阳科创产业园、物流园、智慧社区、电子信息产业园等。其中，祁阳高新区新建的电子信息产业园吸引近 40 家企业入园。这些产业园区的开设以及外向型战略的确立，为外出务工人员返乡营造了良好的产业发展环境。祁阳人社局还通过“在家就业好、照顾老和少、发展前景好”和“迎老乡、回故乡、建家乡”等口号宣传，紧抓返乡务工人员的心，不仅为本地农村劳动力创造了很多就业机会，还吸引了外出务工人员留在祁阳本地工作。

第三个思路，产业转移对接应坚持与本地资源、特色资源充分利用、相衔接。不能为了开发而开发，也不能为了对接而对接，如果不顾自身条件特别是新兴城镇建设目标所要求的标准，将一些传统落后、污染严重、生态破坏严重的产业引入，不仅不能得到可持续发展空间，还将带来系列负面效应。为此，湖南走出了一条契合本地农业发达的传统优势，确立了走精细农业发展之路的总思路，围绕十大农业优势特色产业总目标，做好“一县一特、一特一片”的农业发展总布局，以三产融合为总抓手，探索拓展农业多种功能，开拓健康养老、农业休闲、乡村旅游、电子商务等新兴产业新业态。

尤其是近年来，湖南全面落实“三高四新”战略定位和使命任务，在全省推动建立“3+3+2”产业集群体系，创新能力不断增强。除了以长株潭为核心，打造三大世界级产业集群外，湖南各市州还立足本地资源优势，升级传统产业，发展新兴产业、培育区域特色产业集群。湖南传统产业正加快向绿色化、数字化、智能化、服务化升级。譬如，益阳安化县率先打造了全国最大的黑茶 5G 智慧农业大数据中心，将全县 30 个茶叶基地和茶厂纳入其中，既推动了企业建立起标准化种植生产体系，又为建立产品溯源机制创造了条件。郴州嘉禾有着数千年的锻造历史，企业多的时候有 1000 多家，但受困于“傻、大、黑”等问题而一直不振。为了将传统优势产业做大做强，实现锻造产业高质量发展，近年来当地打造“工业互联网 + 区块链”创新平台，支持本地企业进行智能化、绿色化、低碳化、科技化改造发展，极大激发了本地企业创新发展潜力。该平台运行两年多来，成效非常显著，帮助政府成功解决了园区监管难、能耗高、生产成本高等难点问题，帮助所纳入企业实现单台加热炉节能5%、年节约费用30万元的经济效益，现在逐步向全县推广。

2021年6月，湖南在全国范围率先制定印发了《湖南省先进制造业和现代服务业融合发展试点管理办法（试行）》，明确试点工作相关要求，细化试点单位支持政策，鼓励各地结合自身实际，在管理方式、工作机制，以及统计、市场监管等方面进行积极探索创新。国家“两业”融合发展试点工作以来，湖南有2个区域、5家企业获批国家“两业”融合发展试点单位，结合国家试点工作开展，省内配套进行，分别于2020年、2021年组织开展了两批省级“两业”融合试点工作，有11家试点园区、58家试点企业纳入其中，以制造业和服务业为载体，通过智能生产服务、柔性化服务、工业文化旅游、共享生产服务等方式开展试点工作，取得了奇效。其中，益阳茶厂有限公司主动打好“融合”牌，深入发掘工业中的文化与旅游元素，推动企业向“工业+文化+旅游”转型升级。湖南湘窖酒业有限公司则通过打造沉浸式酒类文化和酒类周边产品，成功由传统加工制造企业转型为服务型制造企业，走出了一条工业文化旅游发展的新路子。湖南通过“两业”融合发展跑出了“加速度”。

（六）个体选择有能

农民工无论进城创业就业还是返乡创业就业，其流动自由主要缘于他们有能力选择。当他们的选择能力较弱的时候，其流动则显得很被动，流动价值也将大打折扣。能够提升其选择能力的最主要途径是提升其人力资本，因为其最缺乏的就是人力资本。尽管就最初的农民工而言，他们最缺乏的是进城本钱，但是当他们在城镇摸爬滚打一段时间，人力资本有所提升之后，面对产业结构转型升级仍然无所适从，以致出现结构性失业与被动返流，其根本原因是他们的人力资本素能无法匹配产业升级，此时，加强对他们人力资本的培育提升，增强其自我选择能力是实现其流动目标的根本保障。通过对其人力资本的提升，可以增强其学习能力，拓展社会资本，实现职位提升，增强其城镇化适应能力与城镇化可持续生存能力。日本的农民能够被城市企业组织整村雇用，而且他们进城后能够迅速适应城镇工作与生活，主要是他们进城之前就具备与城里人一样甚至更高的人力资本，而中国历年城镇化倾斜政策对农民素质培育的忽视，导致广大农民人力资本天生匮乏，致使其在城镇可持续生存、发展能力严重不足，对城镇永久生活缺乏足够信心，从而制约了整体城镇化水平的提高。在调查问卷中发现，面对乡村振兴战略的实施，农民工返乡创业就业的热情不高，其中除了暴露乡村振兴环境还不很成熟、乡村产业发展存在很大局限等情况之外，更主要是这些进城者人力资本不足，对返乡创业就业信心不够。他们习惯在城镇从事那些无须多少技能的低层次服务业工作或又苦又重的建筑工作等，比如快递、保安、餐饮以及市政维护、工地施工等工作。如果他们离开城镇回到乡村或家乡附近的小城镇，连上述这些低层次而劳苦的工作都找不到；而且回到乡村后，他们连提升自己人力资本的可能性都很难，更谈不上争取向上发展的机会。

为此，作为政府或者企业组织、个体都应创造条件提升其人力资本。政府应通过提供各种培训、技术指导、免费公益技术讲座等帮扶农民工提升各种技能。政府应加大对农村教育的支持力度，无论是对留守儿童还是随迁儿童，都应该将其纳入国家重点扶持的对象之中，将他们教育培育好，因为他们就是未来的农村劳动力，是进城的主力军。通过提高广大农村人口的文化教育水平，促进更多农村人学会思考、学会行动、学会人生规划与理性决策，提高其行动主动性，为他们更好地接受各种技能培训打下知识基础。通过一两代的农村教育大扶持，为城镇化高质量发展与乡村振兴提供智力方面的支持。届时，有更多农村人进城工作生活，农村也会呈现出规模化、现代化的繁荣景象。同时，应杜绝企业对农民工的剥夺行为，从法律层面给予农民工充足的自我学习机会与空间。企业还应承担一定社会责任，通过组织培训或者师傅带徒弟的方式全方位培育农民工，即便他们的流失率很高，企业也要有一定社会责任感，尽量将他们打造为适应性较强的现代型员工。当然，最主要的还是农民工个体必须发挥自我能动性，流动者应该结合自身兴趣爱好与接触的圈层、生活环境、工作环境，通过自己的努力，创造机会提升自己的人力资本。除了参加各种自学考试、自学成才之途径，还应该采用有偿培训、主动拜师等方式，将今天的消费开支用在明天的人力资本价值获取上。这样，他们的城镇化生存能力与发展能力将大大增强，在城乡之间迁移流动的自由选择能力也将大大增强。届时，他们距离实现自由幸福的美好生活便不远了。

后　记

这本几乎倾注了本人有关湖南乃至中国农村劳动力流动研究全部心血的专著很快接近尾声了。此时此刻，想起一路排除生活杂事静下心来坚持科研的决心，想起研究对象——流动农民兄弟姐妹身后的酸甜苦辣，想起科研路上充满的各种严峻挑战……点点滴滴，未免太多感慨。

感慨一，高处不胜寒。原本一直深信，作为人文社科研究，随着研究者阅历、学识增加及研究专注度集中，研究深度与研究高度亦将越来越凸显。可是，时至今日，发现自己的研究工作无法遵循人文社科这一研究轨迹深入推进，而且，越来越感到疲沓、平静与平庸，甚至质疑自己不算一个真正的人文社科研究者。然而，我也很清楚，对自己最了解的还是自己。我爱好篮球、乒乓球等群体运动，享受运动中的集体狂欢；也喜爱充满艰辛而又自带孤独特性的科研，将内心的所思所想化作笔端文字的默默流淌。这种对动静结合生活模式发自内心的喜爱，让我在科研之路上一直健康地坚持着、奔跑着，从未觉得科研是一种沉重的负担，反而给了我前行的无穷底气与动力。想当年读硕士研究生的时候，在其他同学为学费、生活费而拼命兼职时，我除了与同学一起坚持锻炼身体之外，几乎将所有心思扑在学习、科研上，每天与同学骑着自行车去教室、学校与市图书馆，坚持阅读、坚持思考、坚持摘抄笔记、坚持写作，风雨无阻，从未停歇，甚是充实，而且所写文章都公开发表了。回想起发表时的状态，至今都清晰记得 20 多年前的各位主编，包括时任《益阳师专学报》（现为《湖南城市学院学报》）主编陶用舒教授、《昌吉学院学报》主编孙德存教授、《许昌学院学报》编辑师连枝教授，他们都纷纷给我留言说：你的选题很有价值，结构框架组织精练明朗，文采优美，可读性强，尤其是写出了我们想说但是没有说出来的话。在他们一次次的鼓励下，当别人还在为发表一篇文章苦恼时，我则很轻松地将所写文章全部公开发表了，临近毕业时一共发表 11 篇，比前往应聘地方高校的很多副教授甚至教授所发论文还要多，硕士学位论文也写了近 10 万字。在读硕士研究生期间还获得了省级优秀研究生与学校优秀研究生最高奖——特等奖（华藏奖）等各种荣誉称号。硕士研究生毕业后，还不知道北京大学核心期刊（以下简称北大核心）尤其是 CSSCI 期刊与大学学报有什么差异。记得硕士研究生毕业后第一年去参加一所学校的博士研究生招考，所招考博导问我发表了几篇 CSSCI 论文。那时，我还真不知道 CSSCI 是什么级别期刊，也无法回答，后来才知道这类期刊的地位。于是，继续奋笔疾书，围绕当时社会热点与调研现实发表了 8 篇文章，包括 2 篇北大核心。当时很顺利评上副教授，同年又考上了华中农业大学博士研究生。读博期间，围绕博士研究生论文研究主题，一共发表了 15 篇文章，其中，包括 5 篇 CSSCI 论文、2 篇北大核心论文，成为所读博班级 51 名同学中获奖最多的 3 个同学之一，也成为 6 名农村中小企业管理专业博士研究生同学中毕业答辩得分最高者。特别是在博士研究生毕业后 1~3 年，我更是进入科研项目与科研成果丰产期。博士研究生毕业第一年就拿下教育部人文社科基金，成为就业单位第一个拿下教育部人文社科基金资助项目的教师，而且最关键的是在中国重要期刊《农业经济问题》与《经济学家》两大刊物上发表了 3 篇论文。其中，特别感到欣慰的是，以 2014 年申报国家社科基金中的核心观点所撰写的论文《农民工进城落户的现实困境及政策选择——一个人力资本分析视角》，在本人围绕该课题研究前往我国台湾调研还未回长沙之际就接到了《经济学家》编辑李俭国老师的电话，说准备将该文发表在 2014 年第 5 期（这是第 2 篇，2012 年是第 1 篇）。对于我们这些爱好科研的教师来说，当时的开心之情是没法形容的。而且，在 2014 年 6 月，我接到了所在单位社科处几位领导打来的电话说：“江泉，恭喜你的国家社科基金立项了。”听到这个消息，真的是喜出望外。本人尽管冥冥中预感有可能立项，但当真实来到面前时还是掩饰不住那份收获的喜悦之情。那一年，我也顺利评上了教授。回想当年的课题立项与更高级别成果的获得，心情甚是激动澎湃，那种感觉就好比炒股爱好者突然赚了几百万元、几千万元一样欣喜若狂。很感激自己的高级别课题立项与论文成果发表被有关部门领导认可。我们的职业决定了我们不会太在乎金钱，也不在乎金钱多少，我们只在乎自己一直以来所坚持的研究得到相关专家、同行与领导甚至社会的认可。如果课题立项与成果发表成功，那就是对自己艰辛劳动付出的认可，自己觉得做什么都很值。想想当年为了提高科研产出，在学校给我提供的单身公寓里挑灯夜战的场景，心里是满满的兴奋、自豪、自信与自在。那时一个人经常挑灯夜战到半夜一两点上床睡觉，次日清晨 5 点多又起来继续修改论文、课题，看起来劳累而艰辛，但是整个人就像打了鸡血一样亢奋，丝毫不觉得累，尤其是当有了相应成果产出时，反而觉得很值。那个时候，看资料、调研、思考、创作，一切都是那么思路敏捷、条理清晰，效率极高，而且，只要身体允许，从不知疲惫。然而，不知具体从什么时候开始，那种亢奋的感觉渐渐变少了，研究成果产出也明显减少了，质量也降低了，也许是年岁增长导致身体支撑不了，也许是生活杂事增多干扰了研究的注意力，也许是研究方式出现了问题，也许是科研确实存在一定的瓶颈……总之，自 2014 年立项了国家社科基金后，课题立项与成果产出质量大幅下降。虽然此后也陆续拿到了湖南省社科联成果评审委重点项目（2017）、湖南省教育厅科学研究重点项目（2018）以及 2019 年度湖南省唯一的社会学重点项目，也做到了每年有论文发表——直到今天，一共发表了 98 篇论文，包含 15 篇 CSSCI 期刊论文、12 篇北大核心论文，被国研网全文收录 6 篇、人大复印资料收录 2 篇、EI 收录 4 篇，以博士学位论文为基础所撰写的专著《企业内部人际关系资本化研究》一书不仅被湖南省第 15 届优秀社会科学学术著作出版立项资助，而且还被湖南省社科联成果评审委鉴定为“省内领先”成果，编写教材 2 部——也一再坚持每年申报国家社科基金与论文写作，可是，这一切给人的感觉是俱往矣，不值得再提，而且再看今天的原地徘徊，两相对比，心里多了一份失落与自我质疑。现在产出一点研究成果比之前难太多了，很多想法无法快速地提炼与展示出来，那种高质量论文发表与高规格科研项目争取似乎都成为过往，也因此而成为内心难言之痛。之前所深信的人文社科研究将随着研究基础深入而越能出高质量成果的固有认知也被平庸的现状所颠覆，以致当今天花了一年多时间潜心将这本倾注了本人自研究农村劳动力流动以来的所有思想观点撰写成专著即将出版时，心里还是有些许忐忑，只是迫于课题研究相关程序限制，不得不仓促结集出版。所以，如果有专家、同事、朋友以及其他同人看到了该专著，还恳请多加指正，必将真诚吸收听取完善。

感慨二，由于本校是一所农林院校，自博士研究毕业之后按照学院学科发展要求围绕涉农问题进行选题与相关研究，其中，一个令本人极为关注的选题是身边众多农民与农民工朋友及其流动问题，因此便结合所在人力资源管理系教学研究工作而选取了农村劳动力资源开发进行专门研究，至今已 15 年，接触了全国各地尤其是湖南形形色色、各式各样的农民与农民工。每次与他们相处交谈，见他们所见，叹他们所叹，既感受到他们外出务工赚钱回家建房、娶媳妇、过上丰裕幸福生活的美好，也体会到了他们在外漂泊无靠的心酸与苦楚。他们在务工地干着又苦又脏又累又危险的活，住最差的房子，吃最简单的伙食，有时还不能及时获得收入，可他们很多人从未吭一声，没有太多抱怨。尤其是他们在外务工而不得不与家人分离，一家人常年几地分居，只有逢年过节时才可团聚，那种对亲人思念与牵挂时的难言之痛，只有他们自己清楚，特别是那些“农二代”“农三代”年轻人在这样的分离环境中长大，带给他们的影响不只是当下，有可能还会影响到他们后续的工作生活甚至下一代。当诸如此类问题在脑海中一一掠过时，我为自己不能帮助他们解决任何实质性问题而感到内疚难受。作为一名大学教师，除了将自己的知识、思想传递给学生之外，本人还是不甘就此沉寂，还怀抱服务社会的初衷尤其是为自己一直所关注的农民工群体服务的初心，一路前行，不为人生留遗憾。

感慨三，在大学做科研是一项系统工程，不仅要从事教学工作，还要面临各种家务处理，尤其是在没人给你的繁杂家务事搭一把手的时候，更要将科学研究工作视为一项系统工程，慎重处理好教学科研工作与家务事的关系。唯有如此，才能妥善规划、顺利开展科研工作。否则，要坚持从事科研工作并将之做好，真不是一件容易的事。想起这些年，在坚持教学特别是科研之际，不仅没人帮我们一把，还得照顾两位年过九旬的老人与年幼的孩子，自己没少分心，邻居们都感叹我们之不易。只要老家打来电话，心里就会咯噔一下，一旦老人家有个病痛，就得驱车 4 小时回家安排解决，一旦长沙刮风下雨，就会念叨老人所住木房是否安稳，老人的生活是否受到了影响。一遇到孩子咳嗽感冒流鼻涕，特别是这些症状维持几天不得消停的时候，常常一个人在天还未亮、孩子未醒之际驱车去医院给他挂号，然后再回家带孩子与他妈妈一起给孩子看医生，恨不得立马解决好他的这些症状，甚至希望孩子的这些病痛都发生在自己身上……每当夜深人静独自坐在书房电脑桌前时，常常想，在这样的人生日常中，如果没有外力来帮助处理，仅凭一己之力来应付，那么，做科研的心是难以安宁的，哪怕你再喜欢科研，也将为生活琐事所困扰。本人深知自己喜欢观察、思考，喜欢去探寻事实真相，但是，也深知 2015 年之后科研没有什么起色的原因，其中家务事花了太多精力确实是一个很重要因素。我不是在抱怨家务杂事，其实，每个人都会有这样那样的家务日常需要处理，而我也愿意去处理这些家务事。我经常扫地洗碗洗衣，哪怕晚上 10 点打乒乓球锻炼回家看到厨房碗筷未洗时，还得轻轻地将碗筷洗好；我也愿意做饭炒菜，看到家人喜欢我做的饭菜而很欣慰；我更喜欢孩子，我几乎与他同吃同睡同洗澡同锻炼同呼吸同讲故事；同时，对老人家也悉心照顾，哪怕是一张凳子是否安稳、门槛台阶是否太高不方便跨过、轮椅是否灵活、被窝是否干净舒适、水电是否方便安全等，我都要一件一件地考虑安排好，为的就是让老人家安享晚年。幸亏，这些家务事情都妥善处理好了，只是花在科研上的时间与精力就减少了。

科研之路无穷尽，人到中年，步履蹒跚，但无退路，为了人生最初的梦想，为了家人的幸福，为了所牵挂的各位农民工，我仍将继续砥砺前行，但愿一切支持本人事业与家庭的亲人、同事、朋友与领导，仍一如既往地给予我支持，在向你们致以深深谢意之际，本人将带着你们的支持在科研之路上继续前行，哪怕所产生的科研成果包括眼前这本专著显得有些肤浅稚嫩，亦表明本人在骨子里充满着对科研事业的敬仰与坚持。此时此刻，只想说：凡事做到无怨无悔就够了。

最后，特别感谢对本人给予大力支持的家人、学生、专家、同行、领导以及各位农民工兄弟姐妹，尤其要感谢儿子的到来，虽然他带给我太多精力消耗，但是也给予我太多灵感与动力，幸福感知远多于艰辛付出。感谢父母亲安度晚年，没有给我等晚辈增添丝毫额外压力。感谢那些为本研究提供了大量问卷调查与追踪调查的农民工老乡朋友，是他们的淳朴交谈与乐观精神支撑着我围绕他们背后的悲欢离合故事进行各种学理探究与事实求证。感谢我国台湾地区台南市台南大学附设实验国民小学张副校长与本人关于进城农民孩子上学政策近 3 个小时促膝交谈给予我的各种灵感。感谢各位在课题立项以及论文发表方面给予大力支持的专家们，我们素未谋面，但是，正是你们对探寻科学真理的执着、对科学评价正义的坚守，支持着我的各项科研评价认可工作，激励着我们这些默默无闻但又一直在坚守的科研爱好者。感谢学校社科处工作团队给予我的认可、鼓励与温馨服务，感谢学校给予教师从事科研的宽松环境，感谢为本书出版作出大量协调与精心编辑完善的出版工作人员，感谢严辉主任为本书出版所给予的大力支持。

黄江泉
长沙青园
2023 年 7 月